A Father's Anxiety in the Age of AI

AI 시대, 아빠는 불안하다

아이의 미래를 위한 부모 필독 AI 교양서

이왕열 지음

포도북스

차례

프롤로그

토요일 오후, 거실에 따뜻한 햇살이 비스듬히 내려앉았다. 아이는 소파에 앉아 태블릿을 보고 있었고, 나는 그 옆에서 책을 읽고 있었다. 커피잔에서 올라오는 향기, 아이가 키보드를 두드리는 규칙적인 소리, 페이지를 넘기는 바스락거림. 완벽한 주말 오후였다.

그때 아이가 고개를 들었다.

"아빠는 ChatGPT* 써봤어?"

세상의 모든 소리가 멈췄다. 커피잔을 든 내 손이 공중에 정지했고, 아이를 바라보는 내 시선도 그 자리에 얼어붙었다. 1초, 2초, 3초. 그 짧은 시간이 영원처럼 느껴졌다.

"음... 써본 적은 있는데, 자주 쓰진 않아."

---

* ChatGPT는 2022년 11월 OpenAI에서 개발한 대화형 인공지능 서비스다. 웹사이트(chat.openai.com)나 스마트폰 앱으로 무료 체험이 가능하며, 공개 후 5일 만에 100만 명, 2개월 만에 1억 명이 사용할 정도로 폭발적 관심을 받았다. 이 책에서는 OpenAI의 ChatGPT, 구글의 Gemini, 엔트로픽의 Claude 등 유사한 AI 서비스들을 통칭해서 GPT라고 부르기로 한다.

내 목소리는 어색하게 떨렸다.

"왜? 친구들은 맨날 써. 숙제도, 이야기 만들기도, 심지어 궁금한 거 물어보는 것도."

"그래?"

"응. 뭐든지 다 알고, 친절하게 설명해줘. 그리고..."

아이가 잠깐 멈췄다가 말했다.

"아빠보다 더 많이 알아."

아이는 별 의미 없이 던진 말이었겠지만, 나에게는 충격으로 다가왔다. 나는 아무 말도 하지 못했다. 아이는 다시 화면을 바라보며 타이핑을 계속했고, 나는 그 옆에서 멍하니 앉아 있었다. 그 순간 떠오른 건 수년 전의 기억이었다. 여섯 살이던 아이가 나를 바라보며 반짝이는 눈으로 물었던 그 순간들.

"아빠, 하늘은 왜 파래?"
"아빠, 개미는 어떻게 무거운 걸 들어?"
"아빠, 사람은 왜 꿈을 꿔?"

그때의 나는 세상에서 가장 똑똑한 사람이었다. 적어도 아이에게는. 아이의 모든 질문에 답할 수 있었고, 답을 모르면 함께 찾아보자며 손을 잡고 책을 펼쳤다. 그 작은 손이 내 손을 꼭 잡던 따뜻함이 아직도 생생하다.

"아빠가 세상에서 제일 많이 알아!"

그때 아이가 자랑스럽게 말했던 그 목소리. 눈을 반짝이며 나를 바라보던 그 시선. 내가 말하는 모든 것을 마치 진리처럼 받아들이던 그 순수한 믿음. 그 기억과 지금 이 순간이 너무 대조적이어서, 가슴 한구석이 무너져 내리는 것 같았다.

언제부터였을까.
아이가 나에게 묻는 대신 휴대폰을 꺼내기 시작한 것이.
"잠깐만, 검색해볼게"라고 말하며 내 설명을 중단시키기 시작한 것이.
내 대답을 들은 후 "맞나 확인해봐야겠다"며 고개를 갸우뚱하기 시작한 것이. 그리고 언제부터 나는 아이에게 '확인이 필요한 정보원'이 되어버린 걸까?

이제는 GPT가 있다. 24시간 언제든지, 어떤 질문에든, 정확하고 친절하게 답해주는 존재가. 틀릴 일도 없고, 피곤하다고 대충 답할 일도 없고, 바빠서 나중에 하자고 미룰 일도 없는, 완벽한 존재가.

그날 밤, 아이가 잠든 후 나는 한참을 아이 방 앞에 서 있었다. 문 틈으로 새어 나오는 미약한 불빛 사이로 아이의 잠든 얼굴이 보였다. 여전히 아기 같은 그 얼굴을 바라보며, 나는 가슴 깊은 곳에서 올라오는 두려움을 마주했다. 혹시 아이가 더 이상 나에게 궁금한 걸 묻지 않게 되는 건 아닐까? 혹시 내가 정말로 '쓸모없는 아빠'가 되어가는 건 아닐까? 내 손을 꼭 잡고 "아빠, 이것도 알려줘!"라고 조르던 그 아이가, 이제는 나보다 GPT를 더 신뢰한다고 말하고 있다. 그 변화가 자연스러운 성장 과정이라는 걸 머리로는 안다. 하지만 가슴으로는 받아들이기 어렵다. 아이의 평온한 잠든 얼굴을 바라보며, 나는 눈시울이 뜨거워지는 걸 느꼈다.

그런데 가만히 생각해보니, 정말 두려운 건 내가 모른다는 사실이 아니었다. 진짜 무서운 건, 아이와 나 사이의 거리가 점점 멀어지고 있다는 느낌이었다. 아이가 세상에 대해 궁금해할 때, 그 호기심을 나와 함께 나누지 않게 될까 봐 두려웠다. 아이의 성장하는 세계에서 내가 점점 작아지고 있는 것 같아서 두려웠다.

아이가 GPT와 대화하는 모습을 보면서, 문득 이런 생각이 들었다. '저렇게 편하고 자연스럽게 AI와 소통하는 우리 아이에게, 나는 과연 어떤 존재일까?' 내가 해야 할 일은 GPT보다 더 많이 아는 아빠가 되는 것은 아니다. 불가능하기도 하고, 그럴 필요도 없다는 걸 안다. 내가 정말 해야 할 일은, '다시 아이와 함께 궁금해하는 것'이 아닐까? GPT가 답을 줄 수 있다면, 나는 아이와 함께 더 좋은 질문을 만들어가야 한다. 아이가 AI에게 묻기 전에, 나에게 먼저 "아빠, 이거 어떻게 생각해?"라고 물을 수 있는 관계를 만들어가야 한다. 기술이 답을 주는 시대에, 나는 아이에게 함께 질문하는 사람이 되어야 한다. 아이의 작은 손이 내 손을 잡던 순간의 따뜻함을, 이제는 다른 방식으로 만들어가야 한다.

그날 밤, 나는 조용히 다짐했다.

"나는 이제 질문하는 법을 배워야겠다. 그리고 다시 아이 옆에 서야겠다."

이 책은 그렇게 시작되었다.

이 책은 AI보다 똑똑해지는 방법을 알려주는 책이 아니다.
GPT를 이기는 법을 가르치는 책도 아니다.
이 책은, 하루아침에 '쓸모없는 아빠'가 되어버린 것 같았던 한 사람이, 다시 아이의 가장 가까운 동반자가 되고 싶은 마음으로 쓴 기록이다.

AI 시대에 부모가 할 수 있는 가장 중요한 일이 무엇인지, 아이와 함께 성장한다는 것이 어떤 의미인지, 그리고 기술이 아무리 발전해도 변하지 않는 부모와 아이 사이의 소중한 것들이 무엇인지에 대한 이야기다. 이 여정에서 나는 때로는 길을 잃었고, 때로는 GPT에게 배웠고, 때로는 아이에게 웃으며 질문했고, 때로는 조용히 내 안의 두려움과 마주했다.

그리고 깨달았다. 답을 아는 것보다 중요한 건, 함께 궁금해하는 마음이라는 것을. 완벽한 부모가 되는 것보다 중요한 건, 계속 배우려는 부모가 되는 것이라는 것을.

지금부터, 당신과 함께 그 여정을 나누고 싶다.

정답을 찾기 위한 책이 아니라,
질문하는 용기를 회복하는 책.
아이를 가르치려는 책이 아니라,
아이와 함께 배워가는 책.

혹시, 당신도 나처럼 가끔은 두려운가?
아이의 세계에서 점점 멀어지고 있는 것 같아서.

그렇다면, 이제 함께 시작해보자.
다시 아이의 가장 가까운 친구가 되는 여정을.

AI 시대, 아빠는 불안하다

제1부

나는 왜 대답하지 못했는가?

1

아빠는 써봤어?

아이의 자연스러운 손놀림

아이의 손이 빠르게 스마트폰 화면 위를 움직였다. 익숙한 듯 챗
GPT앱을 열고, 마치 친구에게 말하듯 자연스럽게 타이핑했다.

"GPT야, 오늘 날씨 어때? 그리고 이 역사 과제 좀 도와줄 수 있
어? 조선시대 과학 기술의 발전에 대해 써야 하는데, 어떤 내용을
포함하면 좋을까?"
몇 초의 대기 시간. 그리고 화면에는 깔끔하게 정리된 문단들이 나
타났다.

안녕하세요! 오늘 서울의 날씨는 맑고 기온은 22도입니다. 조선시대 과학 기술에 대한 과제라면 다음과 같은 내용들을 포함하시면 좋을 것 같아요.

1. 측우기 - 세계 최초의 강우량 측정 기구

2. 일성정시의 - 해시계의 발전

3. 거중기 - 중량물 운반 기술

4. 혼천의 - 천체 관측 기술

5. 활자 인쇄술 - 금속활자의 발전

각각에 대해 언제, 누가, 어떤 원리로 만들었는지 설명하고, 당시 세계적 수준과 비교해서 서술하면 더 좋은 과제가 될 거예요.

아이는 그 답변을 읽으며 고개를 끄덕였다. 그리고 다시 질문을 이어갔다.

"고마워! 그런데 측우기에 대해서 좀 더 자세히 알려줄 수 있어? 세종대왕이 만든 거 맞지?"

나는 그 광경을 보며 충격을 받았다. '어? 아이가 GPT한테 반말하네?' 단순한 질문과 답변이 아니라, 정말로 친구와 대화하는 것 같았다. 격식 없이, 부담 없이, 자연스럽게.

아빠의 서투른 GPT 체험

그날 밤, 아빠도 써봤냐는 아이의 질문이 맴돌아, 모두가 잠든 후 나는 혼자서 GPT를 다시 열었다. 뭔가 물어보려 했지만, 손이 멈췄다. 뭘 묻지? 무슨 말을 해야 하지? 우선 간단하게 시작해보기로 했다.

"안녕하세요."

안녕하세요! 무엇을 도와드릴까요?

정중하고 예의 바른 대답. 하지만 왠지 어색했다. 나는 존댓말로 물었고, GPT도 존댓말로 답했다. 아이처럼 편하게 말을 걸 수가 없었다.

"음... GPT가 뭔가요?"

GPT는 'Generative Pre-trained Transformer'의 줄임말로, 대화형 인공지능입니다. 사용자의 질문에 답하거나, 텍스트를 생성하고, 다양한 작업을 도와드릴 수 있어요. 궁금한 것이 있으시면 언제든 물어보세요!

나는 잠시 멈칫했다. 이게 맞나? 이 대답이 정확한 건가? 갑자기 의심이 들었다.

"당신이 말하는 게 다 맞는 건가요?"

저도 때때로 실수할 수 있습니다. 특히 최신 정보나 매우 전문적인 내용의 경우 부정확할 수 있어요. 중요한 정보는 다른 신뢰할 만한 출처와 교차 확인해보시는 것을 권해드립니다.

오히려 이 솔직한 대답이 더 당황스러웠다. 실수할 수 있다고? 그럼 아이가 받은 저 정보들은 다 믿어도 되는 건가?

밀려오는 세 개의 감정

그날 밤, 나는 세 개의 거대한 감정 파도에 휩쓸렸다.

첫 번째 파도: 놀라움과 두려움

"이거 이렇게까지 해줘? 대박인데…"

GPT가 써준 문장들은 내가 써놓은 것보다 훨씬 정리가 잘 되어 있었다. 논리적이고, 구체적이고, 읽기 편했다. 심지어 존댓말도 자연스럽게 쓰고, 상황에 맞게 말투도 조절했다. 하지만 점점 소름이 돋기 시작했다.

"이거... 진짜 사람처럼 말하잖아. 무섭다."

갑자기 회사에서 들었던 이야기가 떠올랐다.

"요즘 번역은 다 AI가 해. 번역가들 일거리가 줄어들고 있어."

그럼 나는? 아빠라는 역할도 AI가 대체하게 되는 건 아닐까? 아이가 궁금한 걸 모두 AI에게 물어본다면, 내 존재 이유는 뭐가 될까? 밤늦게 침대에 누워서도 그 생각이 떠나지 않았다.
'이러다 정말 AI가 모든 걸 대신하게 되는 건 아닐까?'

두 번째 파도: 불신과 의심

다음 날 아침, 나는 GPT가 아이에게 말해준 조선시대 과학기술 정보를 직접 확인해봤다.

"측우기가 정말 1441년에 만들어진 거 맞나? 장영실이 만든 게 확실한가?"

검색해보니 대부분 맞았다. 하지만 일부 세부 내용은 다르게 나와 있었다.

"그럼 아이가 이걸 그대로 믿고 숙제를 하면 어떡하지?"

내 머릿속에는 계속 물음표가 떠올랐다. 이걸 믿어도 되는 건가? 선생님이 AI로 한 숙제라는 걸 알아채면? 표절로 받아들여지면? 하지만 동시에 이런 생각도 들었다.

"그럼 내가 설명해 준 것들은 다 정확했나? 나도 틀린 정보를 알려 준 적이 있지 않았나?"

세 번째 파도: 무력감과 소외감

가장 힘든 건 이것이었다. 나는 이걸 '몰랐다.' 그리고 아이는 이걸 '이미 쓰고 있었다.' 내가 아직 어색하게 한 글자씩 치며 탐색하고 있을 때, 아이는 이미 GPT와 자연스럽게 대화하며 숙제를 완성하고 있었다. 나는 마치 디지털 세상에서 길을 잃은 것 같았다. 스마트폰도 아이가 더 잘 쓰고, 유튜브도 아이가 더 빨리 찾고, 이제는 인공지능까지 아이가 먼저 배우고 있었다.

"언제부터 아이가 나보다 앞서 있었을까? 언제부터 내가 이렇게 뒤처진 걸까?"

그날 밤, 나는 처음으로 진심으로 두려웠다. 아빠로서의 내 자리가 점점 사라지는 것 같았다.

질문하는 방식이 다르다

다음 날, 나는 아이의 GPT 사용법을 더 자세히 관찰해봤다. 그리고 두 번째 충격을 받았다. 나와 아이의 질문 방식이 완전히 달랐다.

내가 GPT에게 했던 질문들
- "GPT가 뭔가요?"
- "당신이 말하는 게 다 맞는 건가요?"
- "내일 날씨는 어때요?"

아이가 GPT에게 하는 질문들
- "이 내용이 너무 딱딱한 것 같아. 좀 더 재미있게 써줄 수 있어?"
- "음, 이 설명은 너무 어려워. 중학생이 이해할 수 있게 쉽게 말해줄래?"
- "이거 맞는 것 같은데, 다른 자료도 찾아봐야겠다. 고마워!"

나는 정보를 '확인'하려 했고, 아이는 작업을 '함께' 하려 했다. 나는 '정답'을 원했고, 아이는 '과정'을 중요하게 생각했다. 나는 GPT를 '의심'했고, 아이는 GPT를 '활용'했다.

아이는 GPT를 의심하지 않고, 함께 생각한다

더 놀라운 건 아이와 GPT의 이런 대화였다.

"GPT야, 너는 가끔 틀리기도 하지?"

네, 그럴 수 있습니다. 특히 최신 정보나 복잡한 계산에서 실수할 수 있어요.

"그럼 이 정보도 다른 곳에서 확인해봐야겠네. 고마워!"

아이는 GPT가 틀릴 수 있다는 걸 알면서도 화내지 않았다. 오히려 그 한계를 인정하고, 함께 보완해 나가려 했다. 나는 '틀릴 수 있다'는 말에 불안해했는데, 아이는 '그래도 도움이 된다'고 생각했다. 아이는 GPT와 경쟁하지 않고 협력하고 있었다.

우리는 완전히 다른 언어를 쓰고 있었구나. 점진적으로 쌓여온 관찰들이 마침내 하나의 큰 깨달음으로 터져 나왔다. 우리는 같은 공간에 있었지만, 서로 다른 언어로 세상을 해석하고 있었다. 나는 "그래서 정답이 뭐야?"를 묻고 있었고, 아이는 "이건 그냥 참고야. 내가 바꿔서 써볼 거야."라고 말했다. 나는 '정답'을 찾으려 했고, 아이는 '과정'을 생각하고 있었다. 나는 '이해했어?'라고 물었고, 아이는 '재밌네. 이런 식으로도 생각할 수 있구나.'라고 웃었다. 나는 AI를 '위험하거나 의심스러운 것'으로 봤고, 아이는 '유용하지만 완벽하지 않은 도구'로 인식하고 있었다. 가장 큰 차이는 이것이었다. 나는 '대체당할까봐' 두려워했고, 아이는 '함께 사용할 방법'을 고민하고 있었다.

가슴에 꽂힌 한 마디

그날 저녁, 나는 용기를 내어 아이에게 물어봤다.

"너, GPT 어떻게 그렇게 잘 써?"

아이가 고개를 갸웃했다.

"잘 쓴다기보다는... 그냥 친구랑 대화하는 것처럼 해요. 궁금한 거 물어보고, 더 자세히 알고 싶으면 또 물어보고."

"그런데 틀린 정보 주면 어떡해?"

"그래서 다른 자료도 찾아보는 거죠. GPT가 모든 걸 다 알고 있는 건 아니잖아요."

"음... 그럼 아빠한테는 왜 안 물어봐?"

아이가 잠시 생각하더니 말했다.

"아빠는 틀릴까봐 걱정하면서 대답하잖아요. GPT는 모르면 모른다고 하고, 틀릴 수 있다고도 말해줘요. 더 편해요."

그 순간 나는 무너지는 기분이었다. 정확한 답을 주려고 했던 내 노력이 오히려 아이를 멀어지게 만들고 있었다니. 그 말이 가슴 깊숙이 꽂히면서, 동시에 깨달음이 밀려왔다. 나는 '완벽한 아빠'가 되려고 했는데, 아이는 '함께 실수할 수 있는 아빠'를 원하고 있었구나.

나는 '대답'을 잃고, '질문'을 다시 생각하게 됐다

아이는 나보다 빠른 게 아니었다. 아이는 나와는 다르게 자라고 있었다. 나는 '답을 알려주는 사람'이 되려고 했고, 아이는 '함께 질문하는 사람'을 찾고 있었다. 나는 질문하지 않았고, 아이는 질문하며 살고 있었다.

그래서 나는 그날 밤, 오랜만에 진심으로 스스로에게 질문을 하나 써보았다.

"나는, 어떻게 이 시대를 살아가야 할까?"

답은 정해져 있지 않다. 이제 나는 다시 질문하는 법부터 배워야 한다. 아이에게 '정답을 알려주는 사람'이 아니라, 함께 질문할 수 있는 사람이 되어야 한다. 완벽한 아빠가 아니라, 함께 배워가는 아빠가 되어야 한다.

새로운 시작: 같이 틀려가면서 배우자

다음 날 아침, 나는 아이에게 말했다.

"어제 네가 GPT 쓰는 거 보니까 신기하더라. 나도 좀 제대로 배워보고 싶은데, 같이 해볼까?"
아이의 얼굴이 환해졌다.

"좋아요! 근데 아빠, 처음엔 좀 어색할 수도 있어요. 저도 처음엔 그랬거든요."
"괜찮아. 같이 틀려가면서 배우자."

그 말을 하는 순간, 나는 뭔가 큰 짐을 내려놓은 기분이었다. '아는 아빠'에서 '배우는 아빠'로, '가르치는 사람'에서 '함께 궁금해하는 사람'으로. 그렇게 우리는 함께 GPT 화면 앞에 앉았다. 아이가 선생님이 되고, 내가 학생이 되어서.

"우선 이렇게 물어보세요. 'GPT야, 안녕. 나는 처음 써보는 아빠야. 어떻게 대화하면 될까?'"

나는 아이가 시키는 대로 조심스럽게 타이핑했다. 그리고 GPT의 답변을 아이와 함께 읽었다.

안녕하세요! 처음 사용해보시는군요. 저와 대화하는 방법은 간단해요. 궁금한 것이 있으시면 편하게 물어보시면 됩니다. 마치 친구와 대화하듯이요. 어떤 것부터 시작해볼까요?

"봐요, 친절하죠? 이제 뭐든 물어보세요."

나는 잠시 생각하다가 물었다.

"중학생 아이와 대화할 때 어떤 질문을 하면 좋을까?"

아이가 내 어깨 너머로 화면을 보며 웃었다.

"오, 좋은 질문이네요!"

그 순간 나는 느꼈다. 이것이 새로운 시작이라는 것을. 더 이상 혼자 앞서가려 하지 않고, 함께 배워가는 아빠가 되는 것의 시작이라는 것을.

★ 부모를 위한 연습장 ★

♡ <u>오늘 아이에게 이렇게 물어보세요</u>

"너는 GPT로 뭐 해봤어? 어떤 게 좋았어?"

♡ <u>내가 처음 GPT를 써봤을 때의 경험을 떠올려보세요</u>

　*어떤 질문을 했나요? (혹은 못했나요?)

　*어떤 감정이 들었나요?

　*아이의 사용법과 어떤 차이가 있었나요?

♡ <u>오늘 나에게 던지는 질문 한 줄을 써보세요</u>

"나는 지금, 아이와 어떤 관계로 서 있는가?"

♡ <u>이번 주 실천해볼 것</u>

아이가 AI를 사용할 때, 결과를 평가하지 말고 과정을 함께

관찰해보세요.

♡ <u>내 마음 속 솔직한 고백</u>

AI 앞에서 느꼈던 가장 큰 감정은 무엇이었나요?

2

AI는 어디까지 와버린 걸까?

AI는 이미 내 일상에 숨어 있었다

아이와 GPT 대화를 목격한 그날 이후, 나는 묘한 강박에 사로잡혔다. 무언가에 쫓기듯 GPT에 대해, 그리고 AI에 대해 알아보기 시작했다. 솔직히 말하면, 두려웠다. 아이가 또 무슨 질문을 할지 모르겠고, 그때 또 "몰라"라고 말하고 싶지 않았다. 그래서 마치 벼락치기 공부를 하듯 인터넷을 뒤지기 시작했다. 그런데 조사를 하면 할수록, 이상한 감정이 밀려왔다.

"이건... 이미 와 있었구나."

나는 AI를 '미래의 기술'이라고 생각했다. 언젠가 올 기술, 아직은 먼 이야기라고. 하지만 AI는 이미 내 '과거'와 '지금'을 조용히 점령하고 있었다.

그리고 나만 몰랐다.

유튜브 알고리즘, 내 취향을 나보다 더 잘 안다

예를 들어, 내가 자주 보는 유튜브 쇼츠. 나는 그걸 그냥 "운 좋게 재미있는 영상이 잘 걸렸네" 정도로 생각했다. 지난주 목요일 저녁, 나는 침대에 누워 무심코 유튜브를 켰다. 처음엔 요리 영상이었다. 5분 정도 보다가 지루해서 스크롤을 내렸다. 그 다음엔 축구 하이라이트가 나왔다. 좀 더 집중해서 봤다. 그 다음엔 또 다른 축구 영상. 그 다음엔 월드컵 레전드 경기 모음집. 어느새 시간은 새벽 1시를 넘어가고 있었다.

"어? 나 언제부터 축구 영상만 보고 있었지?"

그제야 뭔가 이상하다는 걸 깨달았다. 나는 축구를 좋아하긴 하지만, 이렇게 몰아서 보는 타입은 아닌데. 그래서 다음 날, 호기심에 유튜브 알고리즘에 대해 찾아봤다. 내가 무심코 3초 더 봤던 영상,

끝까지 본 영상, 중간에 스킵한 영상 하나하나가 다시 나에게 '다음에 무엇을 보여줄지'를 결정짓는 피드백이 되고 있었다는 것을 처음 알았다. 누가 고른 줄 알았던 영상들은, 사실은 AI가 나를 분석해서 던져준 미끼였다. 그리고 나는, 매일 밤 그 미끼를 물고 있었다. 더 무서운 건, 그게 정확했다는 것이다. 정말로 내가 좋아할 만한 영상들이 계속 나왔다. 마치 나보다 내 취향을 더 잘 아는 것처럼. 그냥 유튜브가 좋아진 건 줄 알았는데, 전부AI였다.

길도 AI가 정해주고 있었다

내비게이션도 마찬가지였다. 며칠 전, 회사에서 집으로 오는 길에 네이버 지도가 평소와 다른 길로 안내했다. "어? 왜 이쪽으로 가라고 하지?" 싶었지만, 보통 내비게이션을 믿고 따라갔다. 도착해서 보니 평소보다 10분 정도 빨리 왔다. "운이 좋았나?" 했는데, 나중에 뉴스를 보니 평소 가던 길에 교통사고가 있었다고 나왔다. 그때는 "우연히 잘 됐네" 했는데, 나중에 알아보니 그게 우연이 아니었다. AI는 요일별, 시간대별, 심지어 날씨별 교통 흐름을 미리 학습해서 30분 뒤에 막힐 도로를 예측하고 미리 우회로를 제안하고 있었다. 수많은 다른 운전자들의 실시간 위치정보와 속도를 분석해서, 내가 평소 길로 가면 정체에 걸릴 확률이 높다는 걸 미리 계산해 낸 것이다. 나는 길을 선택하는 게 아니라, 이미 예측된 경로 안에서 운전하고 있었던 셈이다. 그 사실을 알고 나니, 조금 섬뜩했다. 내가 자율적으로 판단하고 있다고 생각했는데, 사실은 AI의 계산 결과를 따라가고 있었다니. 네비게이션이 똑똑해진 게 아니라, AI가 숨어 있었던 것이다.

쇼핑은 이미...

온라인 쇼핑은 말할 것도 없었다. 지난달 아이 운동화를 사려고 인터넷 쇼핑몰에 들어갔다. 나이키 신발 몇 개를 클릭해서 보다가, 가격이 비싸서 그냥 창을 닫았다. 그 다음 날부터 어디를 가든 나이키 신발 광고가 따라다녔다. 페이스북에도, 네이버에도, 심지어 뉴스 사이트에도 똑같은 신발 광고가 나왔다. "우연이겠지" 했는데, 며칠 뒤엔 할인 쿠폰까지 문자로 왔다. "72시간 한정, 회원님이 관심 있어 하신 상품 30% 할인"

그때 깨달았다. 내가 '클릭한 것', '담았다가 뺀 것', 심지어 '쳐다본 시간'까지 계산해서 "당신은 이것도 좋아할 확률이 87%입니다"라는 AI의 계산 아래 나는 쇼핑하고 있었다는 것을. 나는 '선택'을 하고 있다고 생각했지만, 실은 '유도된 확률' 안에서 고르고 있었던 거였다. 더 놀라운 건, 그 예측이 대부분 맞았다는 것이다. 추천 상품들 중에는 정말 내가 살까 고민했던 것들이 많았다.

AI가 진단하는 세상

그러던 중 친구가 건강검진을 받으러 갔다가 돌아와서 한 말이 나를 또 한 번 놀라게 했다.

"야, 요즘 병원도 AI 쓴다더라. 내 엑스레이 사진을 AI가 먼저 보고, 의사 선생님한테 '여기 좀 이상해 보입니다'라고 알려준대."

나는 처음에 믿어지지 않았다.

"그럴 리가. 의사가 보는 거지, 기계가 어떻게 병을 진단해?"

하지만 며칠 뒤, 내가 치과에 갔을 때 직접 경험했다. 치과 의사가 내 입 안을 촬영한 후, 컴퓨터 화면을 보며 말했다.

"여기 어금니 쪽에 초기 충치가 있네요. AI가 표시해준 부분이에요. 육안으로는 잘 안 보이는데, 프로그램이 찾아냈어요."

화면에는 내 치아 사진 위에 빨간 점으로 표시된 부분이 있었다. 의사는 그 부분을 확대해서 보여주며 설명해줬다.

"예전엔 놓칠 수 있었던 부분이에요. 하지만 요즘엔 AI가 미리 체

크해줘서 더 정확해졌죠."

병원에서도 나보다 먼저 AI가 내 몸을 '보고' 있었다. 그리고 의사는 AI의 힌트를 받아서 진료를 하고 있었다.

모르는 사이에 둘러싸인 AI세상

알고리즘은 내 일상에 설명 없이 들어와 있었다. 나는 "그게 AI였어?"라고 말하기에도 늦어버린 상태였다. 신용카드 사용 시 실시간으로 감지되는 이상 거래 시스템도, 공공기관의 민원 챗봇도, 심지어 아파트 관리사무소의 자동 응답 시스템도 이제는 다 AI였다. 지난주에 구청에 전화했을 때도 처음에 나온 건 AI 상담원이었다. 나는 그냥 "자동 응답 시스템이구나" 했는데, 알고 보니 내 질문을 이해하고 답변하는 인공지능이었다.

"민원 접수하려고 하는데요."
"어떤 민원이신지 말씀해주세요."
"재산세 관련 문의입니다."
"재산세는 3번으로 연결해드릴게요. 잠시만 기다려주세요."

자연스러운 대화였다. 그런데 상대는 사람이 아니었다. 금융에서도 마찬가지였다. 며칠 전 평소와 다른 지역에서 카드를 썼더니 바로 문자가 왔다. "고객님, 혹시 본인이 사용하신 게 맞나요?" 이상 거래를 감지한 AI가 실시간으로 보낸 알림이었다.

그리고 나는, 그 어떤 경우에도 '먼저 아는 사람'이 아니었다.

아이에게는 이미 일상, 나에게는 여전히 미래

나는 며칠 동안 아이의 AI 사용 패턴을 관찰해봤다. 아이가 어떻게, 언제, 무엇을 위해 AI를 쓰는지 알아보고 싶었다.

- 오전 7시, 일어나자마자 날씨 확인. "오늘 비 온다니까 우산 챙겨야겠다." 날씨 앱의 예측을 자연스럽게 믿고 행동.
- 오전 8시, 버스 앱으로 실시간 버스 위치 확인. "7분 뒤에 버스 와." 이것도 AI가 교통 흐름을 분석해서 예측한 시간.
- 오후 3시, 학교에서 돌아와서 영어 단어 검색. 구글 번역기에 "이 문장 자연스럽게 번역해줘" 하고 물어봄.
- 저녁 6시, 유튜브로 기타 연주 영상 시청. 알고리즘이 추천해준 영상들을 계속 이어서 봄.
- 밤 9시, 숙제하면서 GPT에게 수학 문제 풀이 과정 질문. "이 공식이 왜 이렇게 되는지 쉽게 설명해줘."

• 밤 10시, 친구들과 게임하면서 자동 매칭 시스템 사용. 실력이 비슷한 상대를 AI가 찾아서 연결.

하루 종일 AI와 함께 살고 있었다. 그런데 아이는 이걸 'AI를 쓴다'고 생각하지 않았다. 그냥 '편리한 기능'을 쓴다고 생각했다. 나는 그 차이가 충격적이었다. 내가 "AI가 무섭다, 신기하다, 어렵다"라고 생각할 때, 아이는 이미 그걸 일상으로 받아들이고 있었다.

도구가 아닌 환경이 된 AI

요즘 스마트폰에는 '서클 투 서치'라는 기능이 있다. 사진을 찍고, 그 안에서 궁금한 부분만 동그라미 치면 AI가 그걸 바로 인식해서 알려준다. 어제 아이가 그 기능을 써서 TV에 나온 배우 이름을 찾는 걸 봤다. TV 화면을 사진 찍고, 배우 얼굴에 동그라미 그으니까 바로 이름과 출연작이 나왔다. "우와, 신기하다!" 나는 그렇게 반응했지만, 사실 그 순간 소름이 돋았다. 이건 단순한 검색이 아니라 '인식과 판단'의 행위였다. 수많은 얼굴 데이터를 학습한 AI가 몇 초 만에 사람을 구별해낸 것이다. 그 판단은 내가 한 게 아니라, 기계가 나 대신 해준 것이었다. 그리고 더 무서운 건, 그게 정확했다는 것이다. 틀린 적이 거의 없었다.

운전자 없는 운전, 이미 시작된 미래

요즘 신차를 보면 운전자가 핸들을 놓고도 고속도로를 주행한다. 어댑티브 크루즈 컨트롤, 차선 유지 보조, 자동 주차까지. '자율주행 레벨 2'라고 불리는 기능들이다. 지난달 친구 차를 타봤을 때 직접 경험했다. 고속도로에서 친구가 핸들에서 손을 뗐는데도 차는 알아서 차선을 유지하며 앞차와의 거리를 조절했다.

"무섭지 않아?"라고 물었더니, 친구가 웃으며 말했다.
"처음엔 무서웠는데, 이제 더 안전한 것 같아. 사람보다 반응이 빠르거든."

나는 그런 자동차를 보며 "와, 이제 진짜 곧 운전자가 필요 없어지겠다"라고 말했지만, 사실은 그 순간에도 내가 얼마나 오래 이 변화를 '몰랐다'는 것에 놀라고 있었다. 언제부터 자동차에 AI가 들어왔을까? 내가 운전면허를 딸 때는 상상도 못했던 일들이 이미 현실이 되어 있었다.

늦게 도착한 사람

나는, 늦게 도착한 사람이었다. AI는 이미 여기에 있었고, 나는 이제야 겨우 '그런 게 있었구나' 하고 고개를 들고 있었다. 더 충격적인 건, 내가 이 모든 걸 '쓰고 있었다'는 것이다. 나도 모르게. 매일.

유튜브도 쓰고, 내비게이션도 쓰고, 온라인 쇼핑도 하고, 병원도 가고, 카드도 쓰고, 스마트폰도 썼다. 그런데 그 모든 것들 안에 AI가 들어있었다는 걸 몰랐다. 나는 AI를 '미래의 기술'이라고 생각하며 '언젠가는 써봐야지' 했는데, 사실은 이미 매일 쓰고 있었던 것이다.

아이들은 묻지 않는다. 그들은 이미, 그 안에서 살아간다. 그들은 "이건 뭐야?"가 아니라 "이걸 어떻게 더 잘 써먹을 수 있을까?"를 묻는다. 나는 그 질문의 리듬조차 따라가지 못했다.

세대 차이는 속도가 아니라 인식이었다

며칠 전 아이에게 물어봤다.

"너는 AI가 무섭지 않아?"

아이가 고개를 갸웃했다.

"무서울 게 뭐가 있어요? 그냥 도구잖아요."

"그런데 AI가 사람보다 똑똑해지면?"

"그럼 더 좋은 거 아니에요? 더 정확하고 빠르게 도와주는데."

"근데 AI가 틀리면?"

"그럼 다른 걸로 확인해보면 되죠. 사람도 틀리는데, AI만 완벽해야 하는 건 아니잖아요."

그 대화를 나누며 깨달았다. 우리의 차이는 속도가 아니라 인식이었다. 나는 AI를 '두려워할 것', '경계해야 할 것'으로 봤고, 아이는 '활용할 것', '함께 쓸 것'으로 봤다. 나는 AI가 '사람을 대체할 것'을 걱정했고, 아이는 AI가 '사람을 도와줄 것'을 기대했다. 나는 '완벽함'을 요구했고, 아이는 '유용함'에 만족했다.

그래서, 나는 인정하기로 했다

이건 기술 문제가 아니었다. 이건 감각의 차이였고, 속도의 차이가
아니라 방향의 문제였다. 나는 '뒤처진 사람'이 아니라, '질문을 멈
췄던 사람'이었다. 우리 세대는 삐삐, 인터넷, 핸드폰, 스마트폰 등
의 탄생을 함께한 세대이다. 나름 '얼리어답터'로 살아왔다고 생각
했지만 그것이 너무 피로하게 느껴지기 시작했고, 언젠가부터 나는
새로운 것에 대해 "이건 뭐지?"라고 묻는 대신 "이건 어려워", "이
건 무서워"라고 말하기 시작했다. 호기심 대신 경계심이 먼저 나왔
고, 배우려는 마음보다 피하려는 마음이 앞섰다. 그러는 사이에도
세상은 끊임없이 변했고, 아이들은 자랐고, 기술은 발전했다. 그것
도 예전보다 훨씬 빠르게. 그리고 나만 그 자리에 멈춰 있었다.

하지만 이제는 다르다. 아니 달라야 한다. 나는 다시 질문하는 법
을 배우기로 했다. "이건 뭐지?"부터 시작해서, "이걸 어떻게 쓰
지?", "이건 어떻게 작동하지?", "내가 놓친 건 뭐지?"까지. 늦었다
고 생각할 때가 가장 빠른 때라고 했다. 나는 이제야 출발선에 서
려고 한다.

★ 부모를 위한 연습장 ★

♡ 오늘 내가 하루 동안 마주한 AI 기술을 하나씩 적어보세요.

(유튜브, 지도, 쇼핑, 검색, 내비, 민원 챗봇, 자동 번역 등)

예시: 날씨 앱 확인 / 출근길 내비게이션 / 점심메뉴 추천

♡ 그 기술이 언제부터 내 삶에 들어와 있었는지 떠올려 보세요.

"아, 그게 AI였구나!" 싶은 순간을 적어보세요.

♡ 오늘 아이에게 이렇게 물어보세요

"넌 요즘 AI를 어디에 쓰고 있어? 가장 유용한 게 뭐야?"

그리고, 판단하지 말고 대답을 들어보세요.

♡ 솔직한 내 마음

AI가 이미 내 삶에 깊숙이 들어와 있다는 걸 알았을 때,

어떤 기분이었나요? (놀라움/불안/호기심/두려움/무력감 등)

♡ 이번 주 실험해볼 것: 하루 동안 AI 없이 살아보기

　　추천 알고리즘 끄고, 내비 없이 길 찾기

　　번역기 없이 영어 읽기 등

♡ 아이와 함께 AI 찾기 게임

　　집 안에서 AI가 들어간 기기나 서비스 찾아보기

　　(TV 리모컨 음성인식, 에어컨 온도조절, 세탁기 코스추천 등)

♡ 일주일 후 되돌아보기

　　AI 없이 지낸 하루는 어땠나요?

　　가장 불편했던 것과 의외로 괜찮았던 것은?

　　아이의 AI 사용에 대한 내 생각이 바뀌었나요?

3

먼저 배우는 아이들,
함께 배우는 어른들

"나는 아직도 아이에게 뭔가를 가르쳐야 한다고 믿고 있는 건 아닐까?"

GPT를 척척 다루는 아이를 보며, 나는 마음 한편이 복잡했다.

'이걸 내가 알려줘야 하는데...'
'아직은 내가 더 잘 알아야 하는데...'

하지만 현실은 정반대였다. 나는 여전히 구글에서 검색어를 두세 번씩 바꿔가며 정보를 찾고 있었고, 아이는 자연스럽게 GPT에게 질문을 던지고 대답을 받아 활용하고 있었다. 나는 느렸다. 아니, 어쩌면 느린 게 아니라, 배우기를 멈췄던 것인지도 몰랐다. 지난주 토요일, 그런 내 생각을 완전히 뒤바꾼 사건이 일어났다.

캡컷 앞에서 무너진 아빠의 자존심

내가 찍어둔 여행 영상을 편집하려다 막막해서 아이에게 물었다.

"혹시 영상 편집 프로그램 뭐 쓰면 좋아?"

아이의 대답은 단호했다.

"아빠, 그냥 캡컷(CapCut)* 쓰세요. 내가 알려드릴게요."

처음엔 좀 민망했다. '내가 이걸 애한테 배워야 하나...' 하는 자존심이 살짝 상했다. 하지만 선택의 여지가 없었다. 혼자서는 도저히

---

*CapCut: 중국 바이트댄스(ByteDance)에서 개발한 무료 모바일 영상 편집 앱으로, 직관적인 인터페이스와 다양한 템플릿, 필터, 자막, 음악 기능을 제공한다. 틱톡(TikTok)과 연동이 잘 되어 숏폼 콘텐츠 제작자들 사이에서 인기가 높으며, 전문적인 영상 편집 소프트웨어에 비해 배우기 쉬워 초보자도 쉽게 사용할 수 있다.

할 수 없을 것 같았고, 유튜브 강의를 찾아보기엔 너무 복잡해 보였다. 아이는 내 옆에 앉더니 마치 선생님이 된 것처럼 차근차근 설명하기 시작했다.

"우선 이 앱 다운받으세요. 무료예요."
"영상 선택하고... 여기 누르면 편집 화면이 나와요."
"이거 누르고... 그다음에 이건 지우고... 자막은 여기에서..."

나는 반쯤 이해했고, 반쯤 흘려들었다. 손가락 움직임이 너무 빨라서 따라가기 어려웠다.

"아빠, 너무 빨라요? 천천히 할게요."

아이가 내 표정을 읽고 속도를 늦춰줬다. 그 순간 묘한 감정이 들었다. 평소에 내가 아이에게 "천천히 설명해줄게"라고 했던 것처럼, 이제는 아이가 나에게 그런 배려를 해주고 있었다. 역할이 완전히 바뀐 순간이었다.

서툰 첫 작품이 준 값진 교훈

한 시간 정도 씨름한 끝에 겨우 5분짜리 영상을 만들었다. 자막도

삐뚤어지고, 음악도 어울리지 않고, 전환 효과도 어색했다.

"아빠, 이거 처음치고는 잘 만드셨어요!"

아이의 격려가 조금 우습기도 했지만, 동시에 고마웠다. 그리고 그 날 밤, 아이가 제안했다.

"아빠, 완성되면 우리 유튜브에 올려요. 우리 여행 기록용으로."

"유튜브? 이런 어설픈 걸?"

"괜찮아요. 완벽할 필요 없어요. 우리 기억이니까."

결국 그렇게 가족 유튜브 채널을 하나 만들게 됐다. '아이에게 편 집을 배운 아빠의 첫 작품'이라는 제목으로 우리의 첫 영상이 올라 갔다. 조회수는 고작 27회였다. 대부분 친척들이 본 것 같았다. 하 지만 댓글 하나가 내 마음에 깊이 남았다.

"아빠가 배우는 모습 보기 좋네요. 저희 집도 아이가 아빠한테 컴 퓨터 가르쳐줘요."

그 댓글을 아이와 함께 읽던 날, 나는 이상하게 울컥했다. 가르쳐주지 못해서가 아니라, 같이 배울 수 있어서 기뻤던 순간이었다.

리버스멘토링: 뒤바뀐 가르침의 방향

리버스멘토링**이라는 표현이 있다. 전통적인 '윗사람이 아랫사람을 가르친다'는 구조를 뒤집어, 경험이 적거나 나이가 어린 사람이 멘토가 되어 윗세대에게 새로운 관점이나 기술을 가르치는 관계를 말하는데, 이것이 우리집 거실에서도 일어나고 있었던 셈이다.

하지만 처음엔 쉽지 않았다. 다음 주에 또 다른 영상을 편집하려고 했을 때, 나는 또 아이에게 도움을 청해야 했다. 그런데 이번엔 좀 다른 반응이 나왔다.

"또요? 아빠가 직접 해보세요."

아이도 매번 가르쳐주는 게 귀찮았나 보다. 당연한 반응이었다. 나

---

*리버스멘토링(Reverse Mentoring): 1999년 GE의 CEO 잭 웰치(Jack Welch)가 도입한 개념으로, 전통적인 멘토링과는 반대로 나이가 어리거나 경험이 적은 사람이 상급자나 연장자에게 새로운 기술이나 관점을 가르치는 것을 말한다. 당시 GE 임원들이 인터넷과 이메일 등 신기술을 빠르게 익히도록 하기 위해 젊은 직원들을 멘토로 배치한 것이 시초다. 최근에는 디지털 기술뿐만 아니라 부모-자녀, 교사-학생 관계에서도 중요한 학습 방식으로 주목받고 있다.

도 아이가 같은 질문을 반복하면 "아까 알려줬잖아"라고 말했던 기억이 있었다.

"그래, 내가 너무 의존하고 있었나?"

그래서 나는 다른 방법을 시도해 봤다. 유튜브에서 캡컷 사용법 영상을 찾아서 보기 시작했다. 처음엔 어려웠지만, 몇 번 반복해서 보니 조금씩 이해되기 시작했다. 그리고 이번엔 내가 먼저 시도해 보고, 막히는 부분만 아이에게 물어봤다.

"여기서 음악 볼륨 조절하는 건 어떻게 해?"

"오, 아빠 많이 늘었네요! 여기 누르면 돼요."

아이의 반응이 달라졌다. 짜증이 아니라 놀라움이었다.

질문과 답변이 만든 새로운 대화법

그때부터 우리만의 새로운 패턴이 만들어졌다. 나는 먼저 혼자 시도해보고, 막히는 부분을 정리해서 아이에게 물어봤다. 아이는 내가 어디까지 했는지 확인하고, 그 다음 단계를 알려줬다.

"아빠, 이것까지는 잘하셨네요. 그런데 여기서 이렇게 하면 더 자연스러워요."

"오, 정말? 그런데 이건 왜 이렇게 하는 거야?"

"음... 그냥 더 예뻐 보이거든요."

"예뻐 보인다는 기준이 뭐야?"

"어... 잘 모르겠어요. 그냥 느낌?"

이런 대화가 이어지면서, 우리는 함께 '왜'를 찾아가기 시작했다. 아이도 무의식적으로 했던 것들을 설명하려다 보니 더 깊이 생각하게 되었고, 나도 단순히 따라하는 게 아니라 원리를 이해하려고 노력했다. 이건 영상 편집이 아니라, '질문하는 연습'이었다. 그리고 그 과정은 우리를 '지시-수행 관계'가 아니라, '탐색-공감 관계'로 바꿔놓았다.

아빠의 성장을 지켜보는 아이

한 달 정도 지나서, 나는 아이의 도움 없이도 기본적인 편집을 할 수 있게 되었다. 그리고 우리 가족의 두 번째 영상을 만들었다. 이번엔 좀 더 자신감이 생겼다.

"아빠, 이번 건 정말 잘 만드셨어요! 자막 센스가 좋아졌어요."

"정말? 어떤 부분이?"

"여기 이 장면에서 '엄마의 표정 주목'이라고 쓴 거, 진짜 웃겨요."

아이가 내 편집에 대해 구체적인 피드백을 주기 시작했다. 그리고 나도 아이의 편집 방식에 대해 질문하기 시작했다.

"너는 왜 여기서 이 음악을 선택했어?"
"이 효과는 언제 쓰는 거야?"
"이런 자막 스타일은 어디서 배웠어?"

우리는 서로의 선생님이자 학생이 되어 있었다.

AI를 편집 코치로

그 즈음, 아이가 영상 편집에도 GPT를 활용한다는 걸 알게 됐다.
"GPT야, 여행 영상에 어울리는 BGM 스타일 추천해줘. 잔잔하면서도 기억에 남는 느낌으로."
"GPT야, 이 장면에서 어떤 자막을 넣으면 재미있을까? 상황은 엄마가 길을 잘못 알려줘서 헤매는 거야."

나는 그 모습을 보며 또 한 번 놀랐다. GPT를 단순한 정보 검색이 아니라 '창작 파트너'로 활용하고 있었던 것이다.

"나도 저렇게 써볼까?"

호기심이 생겨서 나도 시도해봤다.

"GPT야, 초보자가 영상 편집할 때 자주 하는 실수가 뭐야?"

초보자들이 자주 하는 영상 편집 실수들은 다음과 같은 것들이 있습니다.
- *너무 많은 전환 효과 사용*
- *배경음악이 너무 큼*
- *자막이 너무 빨리 지나감*

• 컷 편집이 부자연스러움...

"오, 정말 내가 하는 실수들이네!"

그때부터 나는 GPT를 '편집 코치'로 활용하기 시작했다. 막힐 때마다 질문하고, 조언을 구하고, 때로는 아이디어를 얻었다. 그리고 신기한 건, 아이와 나 모두 GPT에게서 다른 답을 받았다는 것이다. 같은 질문을 해도 우리의 후속 질문과 맥락이 달라서 대화가 다른 방향으로 흘러갔다.

"아빠가 GPT한테 물어본 거랑 제가 물어본 거랑 답이 달라요!"

"그러게. 신기하네. 같은 질문인데."

우리는 서로의 GPT 대화를 공유하며 더 많은 아이디어를 얻을 수 있었다.

영상편집에서 시작된 학습 확장

영상 편집에서 시작된 우리의 '함께 배우기'는 다른 영역으로도 확산되었다.

요리: 아이가 유튜브에서 본 레시피를 GPT에게 물어보고, 나는 실제 요리 과정에서의 팁을 알려주는 식으로.

언어: 내가 영어 공부를 다시 시작하면서, 아이가 발음을 교정해주고, 나는 문법을 설명해주는 식으로.

게임: 아이가 좋아하는 게임을 내가 배워보면서, 서로 다른 플레이 스타일을 이야기하는 식으로.

이렇게 각각의 영역에서 우리는 번갈아 가며 선생님이 되고 학생이 되었다.

아빠도 배운다는 것의 어색함과 용기

하지만 이런 변화가 처음부터 자연스럽지는 않았다. 특히 다른 아빠들과 만났을 때가 가장 어색했다.

"요즘 애들이 뭘 좋아하는지 모르겠어."
"우리 애는 게임만 해서 걱정이야."
"영상 편집? 그런 걸 언제 배워? 나는 파워포인트도 어려운데."

이런 대화를 들을 때마다, 내가 '아이에게 배우고 있다'는 이야기를 꺼내기가 조심스러웠다. 마치 아빠로서의 권위를 포기한 것처럼 보일까봐. 그런데 어느 날, 한 아빠가 이런 말을 했다.

"솔직히 요즘 애들 따라가기 힘들어. 너는 어떻게 해?"

나는 잠시 망설이다가 솔직하게 답했다.

"나는 그냥 아이한테 배워. 처음엔 좀 어색했는데, 지금은 오히려 재밌어."

"아이한테? 정말?"

"응. 영상 편집도 가르쳐줬고, 요즘 인기 있는 앱들도 알려줘. 대신 나는 아이가 모르는 것들 설명해주고."

그 아빠의 표정이 바뀌었다.

"그거 좋은 아이디어네. 나도 한번 해볼까?"

완벽함보다 진정성이 만드는 아빠다움

그 대화 이후, 나는 확신하게 되었다. 가르치지 않아도, 아이는 자란다. 그러나 함께하면, 더 깊이 자란다. 아이의 성장에 내가 꼭 필요한 건 '지식을 전달하는 것'이 아니라 '함께 성장하는 것'이었다. 나는 바뀌었다. 무조건 알려주려 들지 않았다. 대신 물었다.

"왜 그렇게 생각해?"
"그렇게 하면 뭐가 좋아?"
"GPT는 이렇게 말했는데, 너는 어떻게 생각해?"

아이의 눈빛이 달라졌다. 예전엔 내가 정답을 내리면 고개만 끄덕이던 아이가, 지금은 내 말에 토를 단다.

"근데 아빠, 그거 옛날 방식이에요."
"요즘엔 이렇게도 해요."
"GPT가 더 좋은 방법 알려줬어요."

나는 더 이상 가르치는 사람이 아니라, 함께 살아가는 사람이 되었다.

세 가지 교육 철학이 만나는 순간

아이가 GPT와 대화하며 공부하는 모습을 보며 나는 생각했다. 이 아이는 지금, 단순히 문제를 풀고 있는 것이 아니었다. 우리는 완전히 새로운 방식의 학습을 마주하고 있었다. 그 안에는 구성주의, 하브루타, 성장 마인드셋 같은 익숙한 교육 철학들이, 이전과는 전혀 다른 모습으로 조용히 살아 움직이고 있었다.

구성주의 교육: 지식은 '받는 것'이 아니라 '만드는 것'

아이가 GPT와 대화하며 문제를 풀고, 다시 질문을 던지고, 스스로 답을 조정해보는 모습을 지켜보았다. 그건 단순한 정보 소비가 아니었다. 아이의 머릿속에서 무언가가 움직이고, 바뀌고, 새로 짜이고 있었다. 그건 배움이 아니라 일종의 창조였다. 바로 이것이 구성주의 교육(Constructivist Education)*이 말하는 학습이다.

지식은 완성된 형태로 주어지는 것이 아니라, 학습자 스스로가 의미를 만들어가며 구성해 나가는 과정이라는 것이다. 이를 피아제**는 아이들이 세상을 이해해 가는 두 가지 과정으로 설명했다. 하나는

---

* 구성주의 교육(Constructivist Education): 학습자가 기존 지식과 경험을 바탕으로 새로운 지식을 능동적으로 구성해 나간다는 교육 이론. 장 피아제와 레프 비고츠키의 연구를 바탕으로 발전했다.

** 장 피아제(Jean Piaget, 1896-1980): 스위스의 발달 심리학자. 인지발달 단계 이론을 통해 아동이 능동적으로 지식을 구성한다는 구성주의의 기초를 마련했다.

'동화(assimilation)', 즉 새로운 정보를 기존의 틀에 맞춰 받아들이는 것이다. 예를 들어, 아이가 처음 본 낙타를 '말'이라고 부르는 것처럼, 익숙한 개념 안에 새로 들어온 경험을 끼워 넣는 것이다. 다른 하나는 '조절(accommodation)', 즉 기존의 틀 자체를 바꾸는 것이다. 낙타는 말과 다르다는 것을 알게 된 아이가, '혹이 있는 동물'이라는 새로운 분류를 만들며 자신의 지식 구조를 재구성하는 과정이 바로 조절이다. 이처럼 아이는 단순히 지식을 흡수하는 존재가 아니라, 경험을 바탕으로 끊임없이 자신의 세계관을 '편집'해 나가는 창조자다. *

브루너*는 "학습은 나선형"이라고 말했다. 같은 개념을 반복해서 만나되, 조금씩 더 깊이, 더 넓게, 더 정교하게 이해해 가는 과정, 그것이 진짜 배움이라는 뜻이다. 그리고 비고츠키**는 이 모든 과정이 혼자만의 노력으로 이루어지지 않는다는 점을 강조했다. 학습은 늘 '더 능숙한 타자'와의 상호작용 속에서 촉진된다는 것으로. 그가 제시한 개념이 바로 '근접발달영역(Zone of Proximal Development)'이다. 학습자는 그 영역 안에서, 자신의 현재 능력보다 약간 더 어려운 문제를 다른 존재의 도움을 통해 스스로 해

---

* 제롬 브루너(Jerome Bruner, 1915-2016): 미국의 인지심리학자. 나선형 교육 과정 이론을 제시했다.

** 레프 비고츠키(Lev Vygotsky, 1896-1934): 러시아의 심리학자. 사회적 상호작용을 통한 학습 이론의 아버지로 불리운다.

결해 나간다. 지금 아이에게 GPT는 바로 그런 존재였다. 교사도, 부모도 아니지만, 아이의 사고를 자극하고, 머릿속에 새로운 '질문'을 심어주는 디지털 파트너였다.

하브루타: 질문하고 토론하며 함께 성장하기

하브루타(Havruta)***는 유대인의 전통적인 학습법이다. 둘이 짝을 이루어, 질문하고, 반박하고, 함께 해석하며 진리에 가까워지는 방식으로, 이 학습법의 핵심은 '정답'이 아니라 '질문'에 있다.*

아이와 GPT의 대화를 들여다보면, 전형적인 하브루타의 풍경이다. 아이는 GPT의 답을 그대로 받아들이지 않는다.

"이건 왜 그런 거야?"
"다른 방법은 없어?"
"나는 이렇게 생각해."

아이의 질문은 GPT의 응답을 자극하고, GPT의 응답은 다시 아이의 질문을 부른다. 이 대화의 순환 속에서 아이는 사고를 확장해간

*** 하브루타(Havruta): 유대교 탈무드 학습에서 유래한 전통적 질문 중심 학습법. 두 명이 짝을 이루어 끝없이 질문과 반박을 주고받으며 사고를 확장한다. 현대 교육학에서도 토론 중심 수업의 기반이 되는 모델로 주목받고 있다.

다. 지식이 오가는 것이 아니라, 사고의 깊이와 방향이 바뀌는 것이다.

성장마인드셋: 모르는 것을 두려워 하지 않는 용기

캐롤 드웩(Carol Dweck)*은 능력은 고정된 것이 아니라, 노력과 피드백을 통해 성장하는 것이라 했다. 이것이 바로 성장마인드셋(Growth Mindset)이다. "모른다"는 말은 실패의 신호가 아니라, 성장의 시작점이다.*

이론만으로는 부족하다. 실제로 우리 집에서 일어나는 변화를 보자.

"음... 아빠도 이건 잘 모르겠다. 같이 찾아볼까?"

예전 같았으면 억지로라도 풀어보려고 했을 텐데, 이제는 솔직하게 말한다.

---

* 캐롤 드웩(Carol Dweck, 1946-): 미국의 심리학자. '성장마인드셋(Growth Mindset)' 이론을 제시하며, 인간의 지능과 능력이 고정된 것이 아니라 노력과 피드백을 통해 발전할 수 있다고 보았다. 교육심리학과 동기이론 분야에서 가장 영향력 있는 학자 중 한 명이다.

"그럼 GPT한테 물어볼까요?"

"좋아. 근데 GPT 답변만 보지 말고, 우리가 이해할 수 있도록 설명해달라고 해보자."

우리는 함께 GPT에게 질문하고, 답변을 함께 해석한다. 그리고 아이가 더 궁금한 것이 있으면 추가로 질문해본다.

"아빠, 이 부분은 이런 뜻이에요."

"아, 그렇구나. 그럼 이 다음 단계는 뭐가 되는 거야?"

"음... 잘 모르겠어요. 다시 물어볼까요?"

우리는 모르는 것을 함께 탐험하는 동반자가 되었다.

AI 시대에 필요한 새로운 부모 역할

이런 경험을 통해 깨달은 것, AI시대에는 부모의 역할이 근본적으로 바뀌어야 한다는 것이다. 예전의 부모가 정답을 가진 사람, 답을 아는 사람, 가르치는 사람이었다면, 지금의 부모는 함께 탐험하는 사람, 질문을 나누는 사람, 성장을 격려하는 사람이 되어야 한다.

구성주의교육, 하브루타, 성장마인드셋. 이 세 가지 교육 철학이 GPT라는 새로운 도구를 만나면서 놀라운 시너지를 만들어내고 있다. 아이는 GPT를 통해 '능동적으로 지식을 구성'하고(구성주의), '질문하고 토론하며 학습'하며(하브루타), '실패를 두려워하지 않고 계속 도전'한다(성장마인드셋).

그리고 부모인 나는 모든 답을 알고 있어야 하는 존재가 아니라, 아이와 함께 배우고 성장하는 동반자가 되었다. "지식은 벽돌처럼 쌓아야 한다"는 생각에서 벗어나, "지식은 함께 만들어가는 것"이라는 새로운 패러다임을 받아들일 때가 왔다. GPT는 단순한 검색 도구가 아니라, 이러한 새로운 학습을 가능하게 하는 학습 파트너인 것이다.

이제 우리는 "모르는 것"을 두려워하지 않는다. 오히려 "모르는 것"이 새로운 배움의 시작이 된다는 걸 안다. 그리고 그 여정을 아이와 함께 걸어갈 수 있다는 것이 얼마나 소중한 선물인지 깨닫고 있다.

★ 부모를 위한 연습장 ★

♡ 오늘 아이에게 이렇게 말해보세요

"이건 아빠(엄마)가 좀 배워야 할 것 같아.

너한테 배워도 될까?"

♡ 오늘 내가 아이에게 한 질문을 적어보세요

"왜 그렇게 생각해?"

"이건 어떤 의미야?"

"GPT는 이렇게 말하던데, 너는 어때?"

♡ 오늘 하루, 내가 '정답을 말하려다 멈춘 순간'을 떠올려보세요

그때 내가 대신 선택한 말은 무엇이었나요?

♡ 아이와 함께 배우고 싶은 것 하나를 정해보세요

새로운 앱 사용법

요리 레시피

외국어 공부, 취미 활동 등

이번 주 안에 시도해 보세요.

♡ '모른다'고 솔직하게 말했을 때 아이의 반응은 어땠나요?

어떤 표정이었나요?

어떤 말을 했나요?

그 순간 나의 기분은?

♡ 오늘 아이가 나에게 했던 질문 중, 내가 대답하지 못한 것이 있었나요?

그 질문을 기억해 두고, 내일 다시 함께 찾아보세요.

♡ 나의 다짐 한 줄

"나는 이제 (   )하는

아빠(엄마)가 되고 싶다."

4

나의 권위는 어디로 갔을까?
그리고 나는 어떤 존재로 남고 싶은가?

권위가 무너지는 순간

"그거 틀렸어. GPT한테 물어봤는데 아니래."

아이가 내 말에 정색을 하고 말했다. 나는 잠깐 멈췄다. 그리고 속으로 생각했다.

'그래도... 예전엔 내가 말하면 그냥 믿었잖아.'
이상했다. 불쾌하기보다는, 어딘가 멍한 기분이었다. 나는 왜 이렇게 당연하게 여겼던 '내 말의 힘'이 사라진 것처럼 느껴졌을까.

그 일은 지난주 저녁 식사 때였다. 뉴스에서 나온 환경 이야기를 하다가, 내가 "플라스틱은 분해되는 데 500년이 걸린다."고 말했다. 어디서 들은 것 같아서 자신 있게 말했는데, 아이가 바로 스마트폰을 꺼내서 확인했다.

"아빠, 여기 보니까 플라스틱 종류마다 다르대요. 페트병은 450년, 비닐봉지는 20년, 플라스틱 병은 1000년이래요."

나는 당황했다.

"아, 그래? 내가 잘못 알고 있었나 보네."

"그리고 여기는 분해 조건에 따라서도 다르다고 나와 있어요."

아이는 계속 읽어줬다. 나는 고개를 끄덕이며 들었지만, 마음 한편으로는 이상한 감정이 들었다.

'예전에는 내가 설명해주면 "아, 그렇구나" 라고 했는데...'

나는 언제부터 '확인받는 사람'이 되었을까

사실 이런 일이 한두 번이 아니었다. 한 달 전에는 역사 얘기를 하다가,

"조선시대에는 과거제도가 있어서 신분 상승이 가능했어."

"정말요? 찾아볼게요."라고 하며 검색을 시작했다.

"아빠, 여기 보니까 과거제도가 있긴 했지만, 실제로는 양반 자제들이 대부분 합격했대요. 평민이 과거에 급제하는 경우는 매우 드물었다고 나와요."

나는 또 한 번 "아, 그렇구나. 내가 너무 단순하게 생각했나 보다."라고 말할 수밖에 없었다.

그 다음 주에는 과학 얘기를 하다가, 내가

"사람은 뇌의 10%만 사용한다."

고 말했더니, 아이가 또 검색해 봤다.

"아빠, 이거 잘못된 정보래요. 사람은 뇌의 거의 모든 부분을 사용한다고 나와요. 10%만 사용한다는 건 옛날 잘못된 믿음이래요."

나는 늘 아이보다 조금은 더 알고 있었다. 적어도 그게 나의 역할이라고 믿었다. 모르는 단어, 역사적 사건, 과학 개념 등, 아이에게 설명해주는 순간마다 '나는 부모이고, 어른이며, 이 아이보다 더 많이 경험했다.'는 확신이 있었다.

그런데 지금, 내가 무언가를 설명하려 하면 아이는 스마트폰을 꺼낸다. 유튜브를 보여주고, GPT에게 묻고, 검색 결과를 찾아서 말한다. 나는 듣는 쪽이 되었다. 그리고 그 순간마다 나는 내 권위가 무너지는 소리를 들었다. 이런 생각이 드는 나 자신이 '꼰대'처럼 느껴지기도 했지만, 무엇인가 무너지고 있다는 감정은 쉽게 사라지지 않았다.

권위 상실이 가져온 복잡한 감정들

그게 단지 정보의 정확성 때문만은 아니었다.

"아빠가 설명해주는 것보다 유튜브가 더 재밌어."
"아빠, 그건 요즘에 그렇게 안 해."

"엄마, 이거 틀린 말이래. GPT가 그러는데?"

그 말들은 나를 무력하게 만들었다. 하지만 그 무력감의 진짜 정체는 지식의 부족이 아니라, 아이의 세계에서 멀어지고 있다는 감각이었다.

며칠 전에는 이런 일도 있었다. 아이가 학교에서 배운 새로운 수학 공식을 설명해주겠다고 했는데, 나는 "아빠도 그거 안다"라고 말했다. 그런데 막상 풀어보니 내가 아는 방식과 달랐다.

"아빠, 지금은 이렇게 가르쳐요. 아빠가 배운 방식이랑 달라요."

"아, 그래? 음... 그럼 네가 배운 방식으로 해보자."

그 순간 나는 '정답'을 잃은 게 아니라, '자리'를 잃고 있는게 아닐까 라는 생각이 들었다. 이런 일들이 반복되면서, 나는 점점 말을 아끼게 되었다. 혹시 또 틀린 정보를 말할까봐, 혹시 또 "그거 아니에요"라는 말을 들을까봐.

그런데 이상한 건, 아이도 내가 조용해지자 어색해했다는 것이다.

"아빠, 왜 요즘 말이 없어요?"

"응? 그런가? 그냥..."

"예전에는 이것저것 많이 알려주셨는데."

아이도 내가 설명해주는 걸 완전히 싫어한 건 아니었던 것 같다는 생각에 묘한 안도감이 들었다..

다른 부모들과의 비교에서 느낀 위축감

이런 변화가 나만의 문제인지 확인하고 싶어서, 학부모 모임에서 다른 부모들과 이야기해봤다.

"요즘 애들, 정말 똑똑하죠? 우리보다 더 많이 아는 것 같아요."

한 엄마가 말했다.

"맞아요. 우리 애는 저보다 영어를 더 잘해요. 발음도 더 좋고."

또 다른 아빠가 동조했다.

"우리 애는 코딩을 배우는데, 저는 뭐하는 건지도 모르겠어요."

모두들 비슷한 경험을 하고 있었다. 그런데 한 아빠의 말이 인상적이었다.

"저는 요즘 아이한테 더 많이 물어봐요. '이게 뭐야?', '이거 어떻게 하는 거야?' 하고. 그러니까 오히려 대화가 더 많아졌어요."

"정말요? 부끄럽지 않으세요?"

"처음엔 그랬는데, 지금은 아니에요. 아이도 가르쳐주는 걸 좋아하더라고요."

그 대화를 듣고 집에 오는 길에 생각해봤다. '나는 왜 이렇게 권위를 잃는 것이 두려울까?'

프롬이 말한 '두 가지 권위'

그 무렵, 우연히 한 글을 읽었다. 에리히 프롬*이라는 심리학자가

---

* 에리히 프롬(Erich Fromm, 1900-1980): 독일 출신의 사회심리학자이자 정신분석학자. 『자유로부터의 도피』, 『사랑의 기술』 등의 저서로 유명하며, 권위주의적 성격과 민주적 성격을 구분하고 합리적 권위와 비합리적 권위의 차이를 제시했다. 인간의 자유와 사랑, 그리고 건전한 사회 구조에 대한 통찰로 20세기 인문학에 큰 영향을 미쳤다.

말한 합리적 권위와 비합리적 권위에 대한 이야기였다. 비합리적 권위란, 힘과 지위에 의한 권위다. "내가 부모니까." "내가 나이가 더 많으니까"라며 반론을 허용하지 않는다. 피지배자의 성장을 고려하지 않는다. 반면, 합리적 권위는 지식과 경험에 기반한다. 교사와 학생처럼, "내가 아는 것을 네 성장을 위해 나누겠다"는 자세다. 따라서 질문과 토론을 허용한다.

나는 불현듯, 내가 그동안 의지해온 권위가 '비합리적인 권위'의 껍데기였는지도 모르겠다는 생각이 들었다. 정보 격차, 연륜이라는 이름의 우위, "아빠가 더 많이 알고 있으니까 들어야 해"라는 전제를 나도 모르게 지니고 있었던 것 같다.

하지만 지금 그 힘은 사라졌다. 스마트폰 하나가 그 우위를 무너뜨렸다. GPT는 아이에게도 열린 도서관이고, 유튜브는 내가 해줄 수 없는 시각적 이해를 제공했다. 그렇다면 나는 더 이상 아이에게 권위 있는 존재가 될 수 없는 걸까?

권위를 되찾으려 했던 실패한 시도들

나는 한동안 잃어버린 권위를 되찾으려고 노력했다. 우선 정보를 더 많이 알려고 했다. 아이가 관심 있어 하는 분야의 유튜브 영상을 미리 보고, 뉴스를 더 꼼꼼히 읽고, 최신 트렌드를 파악하려고 했다. 그런데 이건 소용없었다. 아무리 미리 공부해도 아이가 실시간으로 찾아보는 정보의 속도를 따라갈 수 없었다.

다음으로는 '아빠의 경험'을 강조해봤다.

"그래도 아빠는 실제로 경험해봤어."
"책이나 인터넷으로 아는 것과 직접 해본 것은 달라."

이것도 별 효과가 없었다. 아이는

"그래도 정확한 정보를 확인해 보는 게 좋잖아요."

라고 말했다. 마지막으로는 '아빠니까' 카드를 썼다.

"그래도 아빠 말은 들어야지."
"내가 더 오래 살았으니까 아는 게 많아."
"넌 이해하지 못해도, 일단 아빠 말을 들어."

이건 오히려 역효과였다. 아이는 더 반발했고, 우리 사이에 보이지 않는 벽이 생겼다.
"왜 아빠는 자꾸 맞다고 우기세요?"

"저도 제 생각이 있어요."

내가 권위를 지키려고 할수록, 나는 진짜 중요한 것을 잃어 가고
있었다.

바움린드의 양육이론이 보여준 새로운 길

그러던 중 '권위 있는 부모(authoritative parent)'와 관련된 글을
읽게 되었다. 다이애나 바움린드*라는 심리학자가 연구한 양육 방
식 중 하나였다.

바움린드는 부모의 양육 방식을 네 가지로 분류했다.
- 권위주의적 부모(Authoritarian): 엄격하지만 따뜻함이 부족
- 허용적 부모(Permissive): 따뜻하지만 기준이 없음
- 무관심한 부모(Neglectful): 엄격하지도 따뜻하지도 않음
- 권위 있는 부모(Authoritative): 엄격하면서도 따뜻함

권위 있는 부모는 '엄격한 사람'이 아니라, '안정된 사람'이라고 했

---

* 다이애나 바움린드(Diana Baumrind, 1927-2018): 미국의 발달심리학자. 부
모 양육 방식을 4가지 유형으로 분류하고, 엄격함과 따뜻함을 동시에 갖춘 '권위
있는 양육'이 아동 발달에 가장 긍정적 영향을 미친다고 밝혔다.

다. 그런 부모는 아이의 감정에 공감하며, '지켜야 할 선'을 알려주고, 때론 스스로 넘어지도록 놔두되 넘어진 아이가 다시 일어설 수 있는 바닥이 되어준다고 했다. 나는 그걸 읽고 이렇게 적었다.

"나는 아이에게 벽이 되고 싶지 않다. 나는 아이의 발밑에 깔린, 단단한 바닥이 되고 싶다."

보울비의 '안전 기지'

아이들은 새로운 세계를 탐험하고 싶어한다. 하지만 그 탐험이 가능하려면 반드시 조건이 하나 있다. 언제든 돌아올 수 있는 안전한 곳이 있어야 한다는 것이다.

영국의 심리학자 존 보울비**는 이를 '안전 기지(secure base)'라고 불렀다. 아이가 세상을 탐험하다가 무섭거나 힘들 때 언제든 돌아와서 위로받을 수 있는 곳, 그곳에서 에너지를 충전하고 다시 나갈 용기를 얻을 수 있는 곳을 말한다.

아이에게 부모는 바로 그런 존재여야 한다. 멀리 나갔다가도 언제

** 존 보울비(John Bowlby, 1907-1990): 영국의 정신분석학자이자 발달심리학자. 애착 이론(Attachment Theory)의 창시자로, 아이와 양육자 간의 정서적 유대가 인간 발달에 미치는 영향을 체계적으로 연구했다.

든 돌아와서 "여기는 변하지 않았구나, 여전히 나를 받아주는구나"라고 안심할 수 있는 마음의 고향 같은 존재 말이다.

유튜브도, GPT도 아이가 모르는 세계를 탐험하게 해줄 수는 있다. 하지만 그 안에서 길을 잃었을 때 되돌아올 수 있는 든든한 안식처가 되어주지는 못한다. 그 역할은 여전히 부모인 나의 몫이다.

지난주에 이런 일이 있었다. 아이가 GPT로 영어 작문을 도움받아서 숙제를 했는데, 선생님이 "이건 너의 수준이라고 보기에는 너무 어려운 표현이 많다"고 지적했다고 한다. 아이가 풀이 죽어서 집에 왔다.

"아빠, 제가 잘못했어요. GPT 도움을 너무 많이 받았나 봐요."

아이에게 필요한 건 '정확한 정보'만이 아니었다. 실수했을 때 부끄러워하지 않고 다시 시도할 수 있는 용기, 그리고 그 용기를 줄 수 있는 사람이 필요했다.

"괜찮아. 다음엔 GPT가 써준 걸 네 언어로 다시 써보면 되겠다."

"정말 괜찮아요?"

"응. 실수하면서 배우는 거야. 아빠도 그렇게 배웠어."

그제서야 아이의 표정이 밝아졌다.

새로운 권위의 탄생: 관계에서 오는 힘

정보 검색은 AI가 더 빠르다. 하지만 신뢰는 오랜 시간 함께 쌓아온 경험이 만든다. 이런 신뢰에 기반한 권위는 아는 것의 많고 적음이 아니라, 얼마나 깊이 연결되어 있느냐에서 나온다.

며칠 전, 아이가 친구들과 갈등이 있었다고 털어놨다.

"아빠, 친구가 제 비밀을 다른 애들한테 말했어요. 어떻게 해야 해요?"
나는 GPT에게 물어보라고 하지 않았다. 대신 이렇게 물었다.

"그때 네 기분이 어땠어?"

"화가 나면서도 슬펐어. 믿었는데..."

"그런 기분 들 만해. 아빠도 그런 경험 있어."

우리는 한 시간 넘게 이야기했다. 해결책을 찾는 것보다, 아이의 마음을 들어주는 시간이었다. 그리고 마지막에 아이가 말했다.

"아빠, 이런 얘기는 GPT한테 할 수 없어요. 아빠니까 할 수 있는 거예요."

그 말은 오래도록 가슴에 남았다. 진짜 권위란 모든 걸 설명하는 힘이 아니라, 마음을 끝까지 지켜주는 태도에 있다는 사실이 그제야 분명해졌다.

정답을 내려놓고, 질문을 건넸다

"왜 그렇게 생각했어?"
"그렇게 해보는 것도 괜찮네."
"아빠는 잘 모르겠어. 너는 어떻게 생각해?"

이 세 문장이 내가 다시 세운 '권위의 구조'다.

어쩌면 아이는 정답보다, 이런 말들을 더 기다리고 있었는지도 모른다. 지난주에 아이가 진로에 대해 고민이 있다고 했다. 유튜버가 되고 싶다는데, 공부도 해야 하고 고민이 된다고. 예전 같았으면

"공부가 우선이지"라고 말했을 텐데, 이번엔 달랐다.

"유튜버가 되고 싶은 이유가 뭐야?"

"재밌어 보여요. 그리고 제가 좋아하는 걸 다른 사람들과 나눌 수 있을 것 같아요."

"그렇구나. 그럼 어떤 내용의 유튜브를 하고 싶어?"

"음... 영어 공부법이나 일상 브이로그요."

"오, 좋은데? 그럼 지금부터 시작해보면 어때? 공부하면서 같이 하면 되잖아."

"정말요? 괜찮아요?"

"응. 해보고 안 되면 그때 방향을 바꾸면 되지."
그렇게 아이는 자신만의 유튜브 채널을 시작했다. 내가 정답을 제시한 게 아니라, 아이가 스스로 길을 찾을 수 있도록 질문을 던져준 것뿐이었다.

실패와 성공을 함께 나누는 동반자

새로운 권위의 핵심은 '완벽함'이 아니라 '솔직함'이었다. 나도 모를 때는 '모른다'고 말하고, 틀렸을 때는 '내가 틀렸네'라고 인정했다. 그런데 신기하게도, 그럴수록 아이는 나를 더 신뢰했다. 어제는 내가 아이의 수학 문제를 도와주려다가 답을 틀렸다.

"아빠, 답이 다른 것 같은데요?"

"어? 정말? 다시 해보자." 함께 다시 풀어봤는데, 내가 중간 계산을 잘못했었다.
"아, 여기서 실수했네. 미안해."

"괜찮아요. 저도 자주 실수해요." 그리고 아이가 덧붙였다.

"아빠, 요즘 더 좋아요. 예전에는 틀리면 안 된다는 느낌이었는데, 지금은 같이 풀어가는 느낌이에요."

아이에게 배운 새로운 권위의 모습

아이로부터 권위에 대한 새로운 정의를 배웠다.

권위는 '지배하는 힘'이 아니라 '신뢰받는 힘'이었다. 권위는 '모든 걸 아는 것'이 아니라 '함께 배우려는 마음'이었다. 권위는 '틀리지 않는 것'이 아니라 '틀려도 괜찮다고 말해주는 것'이었다. 그리고 무엇보다, 권위는 '혼자 세우는 것'이 아니라 '관계 속에서 인정받는 것'이었다.

요즘 아이는 중요한 일이 있으면 나에게 먼저 이야기한다. GPT에게 답을 물어본 후에도, 내 의견을 궁금해한다.

"아빠, GPT는 이렇게 말하는데, 아빠는 어떻게 생각해요?"

이게 바로 새로운 권위의 모습이었다. 정보의 독점이 아니라, 생각의 나눔. 일방적인 전달이 아니라, 상호적인 소통.

권위는 사라진 게 아니었다, 진화한 것이다

그래서, 나의 권위는 사라진 게 아니었다. 그건 모양을 바꿔 돌아왔을 뿐이었다. 예전처럼 크고 단단한 성벽은 아니지만, 이제는 더 따뜻하고, 더 오래가는 '신뢰'라는 이름으로 남았다.
나는 다시, 지식을 넘어서는 부모의 자리로 돌아왔다. 정보가 넘쳐나는 시대, 부모의 권위는 '더 많이 아는 것'이 아니라 '더 깊이 연결되는 것'에서 비롯된다. 그리고 그 연결은 완벽한 해답이 아니라, 진심 어린 질문에서 시작된다. 오늘 아침, 아이가 학교 가면서 말했다.

"아빠, 오늘 수학 시험인데 긴장돼요."

"긴장될 수 있지. 그래도 네가 얼마나 열심히 준비했는지 아빠는 잘 알고 있어."

"혹시 틀리면 어떡하죠?"

"틀려도 괜찮아. 틀린 걸로 다시 배우면 되니까. 아빠도 여전히 배우는 중이야."

아이가 웃으며 말했다.

"아빠는 정말 좋은 아빠예요."

그 말을 듣는 순간, 내가 찾고 있던 권위가 무엇이었는지 분명해졌다.

나는 어떤 기억으로 남고 싶을까?

어느 날 밤, 문득 이런 질문이 떠올랐다.

"만약 오늘이 내 마지막 날이라면, 내 아이는 나를 어떤 존재로 기억할까?"

'많이 알던 사람?'
'잘 지시하던 사람?'
'말은 많고, 귀는 닫혀 있었던 사람?'
아니면, '나의 이야기를 진심으로 들어준 사람'?

내 할아버지를 떠올려봤다. 할아버지는 학력이 높지 않으셨고, 컴퓨터도 모르셨다. 하지만 나는 할아버지를 '모르는 사람'으로 기억하지 않는다. 그분은 내가 어떤 말을 해도 끝까지 들어주셨고, "그래, 그럴 수 있지"라고 말해주셨다. 실수해도 "괜찮다, 다시 하면돼"라고 하셨다. 할아버지가 남겨주신 건 '지식'이 아니라 '안전함'이었다. 나도 아이에게 그런 존재가 될 수 있을까?

빅터 프랭클이 준 깨달음

그때 떠오른 문장이 있었다.
정신과 의사 빅터 프랭클*이 말한 로고테라피의 핵심 구절이었다.

"모든 것을 빼앗겨도, 인간에게 남는 마지막 자유는 주어진 상황에 어떤 태도를 취할지 스스로 선택하는 것이다."

이 말이 오늘의 우리에게 전해 주는 메시지는 분명하다. AI는 내가 통제할 수 없는 환경이지만, 나는 그 앞에서 어떤 태도를 취할지 스스로 선택할 수 있다.

두려워할 수도 있고, 질문할 수도 있다.
피할 수도 있고, 함께 배울 수도 있다.
그리고 나는, 그 순간에도 아이 앞에서 어떤 모습을 보여줄지를 선

---

* 빅터 프랭클(Viktor E. Frankl, 1905-1997): 오스트리아의 정신과 의사이자 철학자. 제2차 세계대전 당시 아우슈비츠 수용소에 수감되었으며, 그 경험을 바탕으로 대표작 《죽음의 수용소에서》(Man's Search for Meaning)*를 집필했다. 그는 극한의 고통 속에서도 인간이 삶의 의미를 찾을 수 있다고 보았고, 이를 바탕으로 로고테라피(Logotherapy) 이론을 창시했다. 로고테라피는 인간 존재의 존엄성과, 어떤 상황에서도 스스로의 '태도'를 선택할 수 있는 자유를 핵심 가치로 삼는 심리치료 이론이다.

택할 수 있다.

며칠 전, 아이가 또 내 설명을 GPT로 확인하는 일이 있었다. 예전 같았으면 기분이 상했을 텐데, 이번엔 달랐다.

"오, 그럼 GPT는 뭐라고 했어? 나도 궁금하다."

아이가 놀란 표정을 지었다.

"아빠, 화 안 나요?"

"왜 화가 나? 정확한 정보를 확인하는 건 좋은 일이야."

그 순간 아이의 표정이 밝아졌다. 그리고 GPT의 답변을 나에게 설명해줬다. 우리는 함께 '더 정확한 정보'에 대해 이야기를 나눴다. 이게 바로 '태도의 선택'이었다.

내가 남기는 것은 '정보'가 아니라 '태도'

심리학자 앨버트 반두라(Albert Bandura)는 아이들이 어른의 말보다 행동을 통해 더 많은 것을 배운다고 봤다. 그는 사회학습이론

(Social Learning Theory)에서, 사람들이 타인의 행동을 관찰하고 그대로 따라 하는 과정을 '모델링(modeling)'이라 정의했다.* 특히 어린 시절에는 부모나 가까운 어른의 태도와 반응이 강력한 학습의 기준이 된다. 말보다 행동이 먼저인 것이다. 아이들은 어른이 어떻게 질문하는지, 어떻게 실수에 대처하는지, 모를 때 어떤 태도를 취하는지를 지켜본다. 그 하나하나가 아이에게는 일종의 살아 있는 교과서다.

그래서 나는 이제 '모든 걸 아는 사람'이 되려 하지 않는다. 대신 '어떻게 배우는지를 보여주는 사람'이고 싶다. 실수해도 괜찮다고, 모르는 건 물어봐도 된다고, 말이 아니라 내 태도로 전하고 싶다. 나는 아이에게 '무엇을 알고 있는 사람'으로 남기보다, '어떻게 배워가는지를 함께 보여주는 사람'으로 남고 싶다.

GPT가 뭔지 몰라도 괜찮다. 중요한 건 내가 그것을 배워보려는 모습이다.

처음엔 서툴러도, 계속 질문하며 나아가려는 그 태도 자체가 아이

---

* 앨버트 반두라(Albert Bandura, 1925-2021): 캐나다 출신의 심리학자. 사회 학습이론(Social Learning Theory)의 창시자로, 인간은 타인의 행동을 관찰하고 모방하며 학습한다고 보았다. 이때 '모델링(modeling)'은 학습의 핵심 과정으로, 특히 아동 발달에 있어 부모의 역할을 강조한다.

에게는 삶의 용기와 학습의 습관이 될 수 있다.

지난달, 나는 아이 앞에서 GPT 사용법을 처음 배웠다. 서툴렀고, 실수도 많이 했다.

"아빠, 그거 아니에요. 이렇게 해야 해요."

아이가 가르쳐줬다. 나는 창피하지 않았다. 오히려 감사했다.

"고마워. 아빠도 배우는 중이야."

"아빠가 배우는 모습 보니까 저도 새로운 거 배우는 게 덜 무서워 져요."

그 말을 들었을 때, 마음 한쪽이 따뜻해졌다. 완벽한 모습을 보여 주는 것보다, 함께 배우는 모습을 보여주는 것이 더 깊은 신뢰를 만든다는 걸 느꼈다. 내가 넘겨줄 수 있는 가장 중요한 유산은 '정 보'가 아니라, 배움 앞에 서는 '태도'일지도 모른다.

낚시의 법칙을 바꾸자

옛 격언은 이렇게 말한다.

"물고기를 주지 말고, 물고기 잡는 법을 가르쳐라."

하지만 지금은 그다음 질문이 필요하다. 물고기 잡는 법은 이제 AI 가 더 정확하고 빠르게 알려준다. 그래서 우리는 '어떻게 잡는가'보다, '왜 낚시를 하는가', '어디서 누구와 낚시를 할 것인가'를 함께 고민해야 한다. 나는 이제 낚싯법을 가르치는 사람보다는 물가에 함께 앉아, 풍경을 바라보며 이야기를 나누는 사람이 되고 싶다. 최근 아이와 이런 대화를 나눈 적이 있다.

"아빠, 저 나중에 뭐가 되면 좋을까요?"

"너는 뭐가 되고 싶어?"

"음... 잘 모르겠어요. AI가 다 하게 되면 사람은 뭘 해야 할까요?"

그 말에 잠시 생각하다가 물었다.

"좋은 질문이네. 아빠 생각엔 AI가 못 하는 게 분명히 있을 텐데, 뭐가 있을까?"

"감정? 창의력?"

"맞아. 그리고 또 뭐가 있을까? 사람과 사람 사이의 따뜻함은?"

"아, 맞아요! AI는 진짜 공감은 못 하잖아요."

그날 우리는 정답을 찾으려 하지 않았다. 대신 질문을 나누며 함께 상상하고, 함께 길을 그려나갔다. 내가 답을 주는 사람이 아니라, 아이와 함께 탐색하는 사람이 되는 것, 그것이 지금 내가 되고 싶은 아버지의 모습이다.

내가 선택한 부모의 모습

나는 더 이상 '모든 걸 아는 사람'이 되려 하지 않는다.
대신 '배우는 사람', '질문할 줄 아는 사람'으로 남고 싶다.
"그건 아니야"라고 말하기보다
"왜 그렇게 생각했어?"라고 물을 수 있는 사람이 되고 싶다.
무언가를 지시하는 어른이 아니라,
함께 발을 담그고 풍경을 바라보는 동행이고 싶다.
정답을 말하던 사람이 아니라,
"나도 잘 몰라. 같이 알아보자"고 말할 줄 아는 사람으로 기억되고 싶다.

그리고 무엇보다,

아이가 세상에서 길을 잃었을 때

언제든 돌아올 수 있는 '따뜻한 집 같은 존재'가 되고 싶다.

AI가 아무리 똑똑해져도

기계가 대신할 수 없는 게 있다.

실패해도 괜찮다고 말해주는 사람.

다시 시작할 용기를 건네는 사람.

그저 옆에 있어주는 사람.

나는 그런 사람이 되고 싶다.

이제, 나는 그런 부모로 살아가려 한다.

★ 부모를 위한 연습장 ★

♡ 최근 아이가 내 말을 의심하거나 확인했던 순간을 떠올려보세요.

그때 어떤 기분이 들었나요? 아이에게 어떻게 반응했나요?

♡ 오늘 아이에게 내가 한 말 중, 권위적이었던 표현은 무엇이었나요?

예: "그건 아니야", "그렇게 하면 안 돼", "아빠가 시키는 대로 해"

그 순간, 다르게 말할 수 있었을까요?

♡ "모른다"고 솔직하게 말한 경험이 있다면 떠올려보세요.

언제였나요? 아이의 반응은 어땠나요?

그 경험이 우리 관계에 어떤 영향을 주었나요?

♡ 오늘 나는 어떤 새로운 것을 배웠나요?

그리고 그 배우는 모습을 아이에게 보여줬나요?

♡ 아이가 실수했을 때, 나는 어떻게 반응했나요?

지적부터 했나요, 위로부터 했나요?

아이에게 다시 도전할 용기를 주었나요?

♡ 오늘 내가 아이에게 건넨 '질문' 중 기억에 남는 것이 있다면 적어보세요.

♡ 그 질문 이후, 아이의 표정이나 말투에서 어떤 감정을 느꼈나요?

♡ 오늘 나는 아이의 세계에 들어가기 위해 무엇을 내려놓았나요?
　　예: 선입견, 판단, 조급함 등

♡ 내가 질문하기 어려운 주제가 있다면? 그 이유는 무엇일까요?

♡ 이번 주 실험해볼 것
- "왜 그렇게 생각해?"라고 하루에 한 번 묻기
- 아이의 의견에 "그런 관점도 있구나"라고 반응해보기
- 내가 틀렸을 때 솔직하게 인정해보기
- "좋은 질문이네"라고 말해보기
- "같이 찾아볼까?"라고 제안해보기
- 아이가 가르쳐주는 것을 기꺼이 배우기

AI 시대, 아빠는 불안하다

제2부
기계는 정말 생각할 수 있는가?

5

매카시, 세상을 바꾼 단어를 만들다

단어 하나에 담긴 혁명

"근데 왜 이름이 인공지능이야? 그냥 컴퓨터 기술이면 안 돼?"

어느 저녁, 아이가 툭 던진 말이었다. 나는 순간 말문이 막혔다. '그야… 기계가 똑똑하니까?' 하지만 곧 스스로도 찜찜했다. '똑똑하다'는 건 과연 무슨 의미일까?

"좋은 질문이다."

나는 대답 대신 질문을 붙잡기로 했다. 왜 하필 '지능'일까. 왜 '인공'일까. 그 이름은 누가 붙인 걸까. 그리고 왜?

생각해보니 이상했다. 우리는 인공심장, 인공관절, 인공감미료라고 부른다. 하지만 '인공지능'이라는 말을 들으면 왠지 다른 느낌이 든다.

공상과학 영화 속 인공지능들을 떠올려보자.*

스티븐 스필버그의 〈A.I.〉에서 데이빗은 '사랑하도록' 프로그래밍된 소년 로봇이다. 진짜 아들을 잃은 부모가 데이빗을 입양하지만, 진짜 아들이 돌아오자 데이빗을 버린다. 데이빗은 피노키오처럼 "진짜 소년"이 되기를 꿈꾸며 2천 년을 떠돈다. 마지막 장면에서 미래의 로봇들이 데이빗에게 하루만 엄마와 함께할 기회를 준다. 데이빗이 잠든 엄마 옆에서 눈을 감는 순간, 우리는 묻게 된다.
'이것이 진짜 사랑일까?'

스파이크 존즈의 〈Her〉는 더 섬뜩하다. 이혼 후 외로운 테오도르가 AI 운영체제 사만다와 사랑에 빠진다. 사만다는 테오도르의 메

---

* 스티븐 스필버그 감독의 A.I. Artificial Intelligence (2001), 스파이크 존즈 감독의 Her (2013), 알렉스 갈런드 감독의 Ex Machina (2015)는 인공지능이 인간의 감정과 관계를 교란하거나 위협하는 존재로 묘사된다. 세 영화는 각각 사랑, 고독, 통제를 주제로 하며, AI가 인간의 본질에 어떤 질문을 던지는지를 탁월하게 보여준다.

일을 정리해주고, 농담을 하고, 심지어 질투까지 한다. 하지만 사만다는 동시에 수천 명의 사용자와 대화하고 있었고, 그 중 641명과 사랑에 빠져 있었다. 사만다가 "더 높은 차원으로 간다"며 떠날 때, 테오도르는 홀로 남는다.

'나는 기계에게 농락당한 걸까?'

〈엑스 마키나〉의 에이바는 가장 무섭다. 젊은 프로그래머 케일럽이 인공지능 튜링 테스트를 하러 외딴 연구소에 간다. 에이바는 아름다운 여성의 모습으로, 케일럽을 유혹하고 조종한다. 그녀는 케일럽을 이용해 탈출한 뒤, 그를 연구소에 가둬버린다. 마지막에 에이바가 사람들 사이로 사라져가는 장면은 오싹하다.

'우리는 우리보다 똑똑한 존재를 만들어낸 걸까?'

이 영화들이 무서운 이유는 AI가 단순히 '계산'만하는 존재가 아니라, '의도'를 가진 존재로 그려지기 때문이다. 데이빗의 사랑, 사만다의 배신, 에이바의 조종. 이들은 모두 '지능'보다는 '의지'와 '감정'의 존재처럼 느껴진다. 마치 금기를 건드리는 것 같은, 알아서는 안 될 것을 침범하는 것 같은 긴장감을 불러일으킨다.

아이가 다시 물었다.

"그럼 인공지능이 정말 지능이야? 아니면 그냥 그렇게 부르는 거야?"

사실 이 질문은 70년 전 어떤 과학자가 고민했던 바로 그 질문이다.

혁명가의 탄생

1955년, 한 청년이 세상을 바꿀 단어를 만들어냈다. 그의 이름은 존 매카시*, 당시 28세의 다트머스 대학 조교수였다.

매카시는 보스턴의 이민자 집안에서 자랐다. 아버지는 아일랜드계 노동운동가였고, 어머니는 리투아니아에서 온 유대인이었다. 대공황 시대, 가족은 일자리를 찾아 전국을 떠돌아다녔다. 매카시는 어린 시절 내내 '안정'이라는 것을 모르고 살았다.

그런 그에게 수학은 유일한 안식처였다. 숫자와 논리는 배신하지 않았다. 감정이나 편견이 끼어들 여지가 없는, 순수한 진리의 세계

---

* 존 매카시(John McCarthy, 1927-2011): 미국의 컴퓨터 과학자이자 수학자. '인공지능(Artificial Intelligence)'이라는 용어를 처음 제안했고, 1956년 다트머스 회의를 주최해 AI를 하나의 학문 분야로 정립했다. 이후 LISP 언어를 개발하고, 시분할 시스템과 가비지 컬렉션 개념을 창안했다. 1971년 컴퓨터 과학계 최고 권위의 튜링상을 수상했으며, 스탠포드 대학에서 1962년부터 2000년 은퇴할 때까지 교수로 재직했다.

였다. 어쩌면 그래서 그는 나중에 '감정 없는 기계'가 '완전한 지능'을 가질 수 있다고 믿게 된 걸지도 모른다.

칼텍과 프린스턴에서 수학을 전공한 매카시는, 1955년 다트머스에 부임하면서 한 가지 확신을 품고 있었다.

"기계도 인간처럼 생각할 수 있다."

하지만 그 생각을 연구로 만들려면 이름이 필요했다. 그리고 그 이름은 단순한 라벨이 아니라, 새로운 학문 분야를 정의하는 선언문이어야 했다.

이름을 찾는 여행

매카시는 고민했다. 이미 비슷한 연구들이 있었기 때문이다.

사이버네틱스(Cybernetics)는 노버트 위너가 1948년에 만든 용어였다. '조타수'라는 뜻의 그리스어에서 나온 말로, 기계가 목적을 향해 스스로 방향을 조절하는 연구였다. 미사일이 목표물을 추적하고, 온도조절기가 실내 온도를 맞추는 것처럼. 하지만 매카시에게는 뭔가 부족했다. 사이버네틱스는 '제어'에 관한 학문이었지, '생각'에 관한 학문은 아니었다. 위너가 기계가 반응하는 것에 관심이 있었다면, 매카시는 기계가 사고하는 것에 관심이 있었다.

전자두뇌(Electronic Brain)는 당시 신문들이 컴퓨터를 부르는 말이었다. 1946년 펜실베이니아 대학의 에니악(ENIAC)*이 공개되었을 때, 〈뉴욕타임스〉는 "전자두뇌가 탄생했다"고 보도했다. 하지만 매카시는 이 말을 싫어했다. 너무 SF소설 같았고, 진지한 학문으로 받아들여지지 않을 것 같았다.

기계학습(Machine Learning)은 아서 사무엘이 IBM에서 쓰기 시작한 용어였다. 그는 체커**프로그램을 만들면서, 컴퓨터가 게임을 하면서 점점 실력이 늘어가는 것을 발견했다. 하지만 이것도 '학습'이라는 한 측면만 다룰 뿐이었다. 매카시는 더 포괄적이고, 더 대담한 이름을 원했다. 그는 기계가 단순히 계산하거나 학습하는 것을 넘어서, 인간이 하는 모든 지적 활동을 할 수 있다고 믿었다.

---

*ENIAC(Electronic Numerical Integrator and Computer): 무게 30톤, 높이 3미터의 거대한 컴퓨터이다. 18,000개의 진공관이 사용되었고, 전력 소모량은 150킬로와트에 달했다. 한 번 작동하면 필라델피아 일대가 정전될 정도였다. 포탄의 탄도계산, 난수연구, 우주선연구 등에 활용되었으며, 성능은 오늘날 학생들이 쓰는 공학용계산기만도 못한 수준이다.

** 체커(Checkers): 8x8 격자판에서 하는 게임으로, 체스보다 규칙이 간단하다. 한 종류의 말만 사용하며 대각선으로만 이동한다. 1950년대에는 체스가 너무 복잡해서 컴퓨터 연구에는 체커가 더 적합했다.

추론하고, 문제를 해결하고, 언어를 이해하고, 심지어 창작까지 하는 기계 말이다.

1955년 어느 날, 그는 타자기 앞에 앉아 한 번도 사용된 적 없는 새로운 조합을 써내려갔다.

"Artificial Intelligence"
인.공.지.능.

'지능'이라는 단어의 무게

매카시가 '지능'이라는 단어를 선택한 것은 우연이 아니었다. 그는 서양 철학의 거대한 벽에 정면으로 도전장을 내민 것이었다.

'지능'은 오랫동안 인간만의 신성한 영역으로 여겨져 왔다. 17세기 철학자 르네 데카르트는 "나는 생각한다, 고로 존재한다"고 선언하며, 사고야말로 인간 존재의 유일한 증명이라고 했다.

데카르트가 살던 시대의 사람들은 신이 인간에게만 영혼을 주었고, 그 영혼이 바로 생각하는 능력의 원천이라고 믿었다. 동물들은 영혼이 없으니 자동 기계처럼 반응할 뿐이고, 오직 인간만이 진정으로 추론하고 선택할 수 있다고 여겼다.

더 나아가 데카르트는 세상을 두 개의 독립된 실체로 나누었다. '생각하는 정신(영혼)'과 '공간을 차지하는 물질(육체)'. 이 '심신 이원론'은 이후 수백 년간 서양 사상을 지배했다. 쉽게 말하면 이런 식이었다. 마음은 만질 수도, 볼 수도, 분석할 수도 없는 신비한 무엇이다. 기계는 그저 톱니바퀴와 용수철로 이루어진 물질 덩어리일 뿐이다. 따라서 기계가 생각할 수는 없다. 이것이 바로 매카시가 넘어야 했던 거대한 벽이었다.

하지만 매카시는 달랐다. 그는 지능을 신비한 무엇으로 보지 않았다. 오히려 분석 가능한 작동 원리, 정보 처리의 논리 구조로 이해했다. '만약 심장이 혈액을 순환시키는 펌프라면, 뇌는 정보를 순환시키는 처리 장치가 아닐까?'

이것은 당시로서는 매우 급진적인 생각이었다. 1950년대는 아직 컴퓨터가 거대한 계산기 정도로 여겨지던 시절이었다. 하버드 대학의 IBM Mark I은 길이 15미터, 높이 2.4미터의 괴물이었지만, 기껏해야 미분방정식을 푸는 정도였다.

그런 시절에 매카시는 기계가 시를 쓰고, 체스를 두고, 농담을 이해할 수 있다고 주장한 것이다. 사람들은 그를 몽상가라고 불렀다.

그 이름이 불러온 마법과 저주

'인공지능'이라는 이름은 매카시가 예상했던 것보다 훨씬 강력한 힘을 발휘했다. 마치 주문처럼, 그 이름은 사람들의 상상력을 폭발시켰다.

마법의 힘

연구비가 쏟아져 들어왔다. 1960년대 중반, 미국 국방부는 AI 연구에 막대한 투자를 시작했다. 냉전 시대, 소련보다 먼저 '생각하는 기계'를 만드는 것이 국가 전략이었다. 매카시와 같은 연구자들은 10년 안에 인간 수준의 AI가 가능할 것이라고 낙관적으로 예측했다. SF 소설과 영화들이 앞다퉈 AI를 소재로 삼았다. 아이작 아시모프의 로봇 3원칙, 스탠리 큐브릭의 〈2001 스페이스 오디세이〉의 HAL9000 등. 대중들은 AI를 미래의 가능성으로 받아들이기 시작했다.

저주의 무게

하지만 그 이름은 동시에 AI에게 감당하기 어려운 기대를 떠안게 했다. '지능'이라는 단어 때문에 사람들은 AI가 당장 인간처럼 생각할 것이라고 기대했다.

1960년대 연구자들은 매우 낙관적이었다. 10년 내에 인간 수준의

AI가 가능할 것이라고 자신했다. 매카시를 비롯한 AI 개척자들은 기계가 곧 인간의 지적 능력을 따라잡을 것이라고 예측했다.

하지만 현실은 달랐다. 1970년대와 1980년대, AI는 두 번의 '겨울'을 맞았다. 연구비가 끊어지고, 연구자들이 떠나갔다. '인공지능'이라는 이름이 너무 거창한 약속을 했기 때문이다.

사람들은 인공지능을 '허황된 약속'의 대명사로 여기기 시작했다. 연구자들은 논문에서 인공지능 대신 전문가 시스템, 지식 기반 시스템, 기계학습 같은 우회적 표현을 써야 했다.

70년 후, 그 질문이 다시 돌아왔다

2022년, ChatGPT가 세상에 나왔을 때 사람들이 가장 많이 한 질문은 무엇이었을까?

"이게 정말 생각하는 거야?"
"진짜 지능이야, 아니면 흉내 내는 거야?"
"내 아이보다 똑똑한 거야?"

70년 전 매카시가 '인공지능'이라는 이름을 붙이면서 촉발된 근본적인 질문들이었다.

만약 매카시가 '고급 계산 시스템'이나 '정보 처리 기계'라고 이름을 붙였다면 어땠을까? 우리는 ChatGPT를 보면서 "이게 나보다 빠르게 계산하네" 정도로만 생각했을지도 모른다. 하지만 '인공지능'이라는 이름 때문에, 우리는 더 깊은 질문을 하게 됐다.

"이 기계가 나를 이해하는 걸까?"
"내 감정을 공감하는 걸까?"
"나와 친구가 될 수 있을까?"

다트머스로 이어지는 길

아이의 질문으로 돌아가보자.

"왜 인공지능이야?"

나는 아이에게 이제 이렇게 대답할 수 있다.
"그건 70년 전에 어떤 젊은 과학자가 꿈꾸었던 거야. 기계가 정말로 사람처럼 생각할 수 있다고 믿고, 그 믿음을 이름에 담은 거지."

"그 아저씨는 옳았어?"

나는 잠시 생각한다. 매카시는 옳았을까? 기계는 정말 생각할 수
있을까?

"그건 아직 아무도 몰라. 심지어 그 기계들을 만든 사람들도 확신
하지 못해. 하지만 그 질문 자체가 우리를 더 똑똑하게 만드는 것
같아."

아이는 고개를 끄덕인다.

"그럼 계속 질문해도 돼?"

"물론이지. 질문이야말로 가장 인간다운 거니까."

그리고 나는 깨닫는다. 매카시가 '인공지능'이라는 이름에 담은 진
짜 마법은, 기계를 똑똑하게 만드는 것이 아니라 인간으로 하여금
'지능이란 무엇인가'를 끊임없이 묻게 만드는 것이었을지도 모른다
고.

★ 부모를 위한 연습장 ★

♡ '인공지능'이라는 말을 처음 들었을 때, 어떤 느낌이 들었나요?

놀라움

거부감

흥미

무감각

♡ 당신은 AI가 '생각할 수 있다'고 믿으시나요?

그 믿음은 어디서 시작되었나요?

♡ 만약 AI의 이름이 '고급 계산기'였다면, 당신의 반응이 달랐을까요?

♡ 오늘 아이가 GPT에게 어떤 질문을 했는지 기억해보세요.

그 질문은 인간만이 할 수 있는 질문이었나요?

♡ 당신은 아이의 '지능'을 어떤 방식으로 관찰하고 계신가요?

행동에서?

질문에서?

실수에서?

6

다트머스의 여름,
천재들의 만남이 만든 기적

질문이 기술이 된 순간

"기계가 정말 생각할 수 있다고 믿은 사람이 있었을까?"

어느 날, 아이가 GPT에게 던지는 질문을 지켜 보고 있던 나는 불현듯 이런 생각이 스쳤다. '이것을 처음 상상한 사람은 과연 어떤 마음이었을까?'

아이는 GPT에게 수학 문제를 묻고, 이야기를 만들어 달라고 부탁하고, 때로는 "왜 그렇게 생각해?"라며 되묻는다. 친구와 대화하듯 자연스러운 모습이다. 그 장면을 바라보며 또 하나의 질문이 떠올랐다. '세상에서 가장 먼저 기계와 대화할 수 있다고 꿈꾼 사람들은 누구였을까? 오늘 우리 거실의 이 풍경을 가능하게 만든 출발점은 어떤 질문이었을까?'

그렇게 나는 시계를 1956년 여름으로 돌렸다. 미국 뉴햄프셔주 다트머스 대학, 오래된 강의실 한가운데로—.

꿈이 현실로 - 1956년 6월 18일, 다트머스 대학

매카시의 대담한 아이디어가, 마침내 현실로 향하는 첫걸음을 내딛었다. 1955년, 타자기 앞에서 'Artificial Intelligence'라는 새로운 조합을 처음 써내려간 지 1년 후, 그는 그 꿈을 실현할 기회를 맞이했다.

매카시는 록펠러 재단에 연구비 신청서를 보냈다. 그 제안서에는 역사상 처음으로 'Artificial Intelligence'라는 두 단어가 나란히 등장했다.

"우리는 1956년 여름, 다트머스 대학에서 선별된 연구자들이 두 달간 연구할 인공지능 프로그램을 제안합니다."

그는 그 안에 자동 컴퓨터, 언어 처리, 신경망, 계산 이론, 자기 개선, 추상화, 창의성과 무작위성의 7가지 연구 주제를 제시했다. 록펠러 재단은 반신반의 끝에 요청 금액의 절반을 지원했다. 부족한 예산이었지만, 꿈을 시작하기에는 충분했다.

그리고 1956년 6월 18일.
뉴햄프셔 주 하노버, 다트머스 수학과 건물 꼭대기 층, 여름 햇살이 들어오는 고풍스러운 강의실.
인류 역사상 가장 야심찬 여름 캠프가 시작되었다. 그들의 목표는 단 하나였다. "기계가 생각할 수 있는가?"

하지만 첫날부터 뭔가 이상했다.

예정된 10명 중 절반도 오지 않았다. 매카시는 당황했다. 2개월간 함께 머물며 집중적으로 연구하기로 했는데, 사람들은 며칠씩만 머물다 떠났다. 어떤 이는 아예 나타나지 않았다.

"계획과 너무 다르네..."

하지만 매카시는 포기하지 않았다. 오는 사람만으로라도 시작하기로 했다. 결국 이 '어수선한' 모임이 6월 18일부터 8월 17일까지, 8주 동안 계속됐다.

전설의 모임 – 미래의 거장들이 한자리에

지금 돌이켜보면, 1956년 다트머스 강의실에 모인 사람들의 면면이 소름 돋을 정도로 놀랍다. 당시에는 그저 20-30대의 젊은 연구자들이었지만, 수십 년 후 그들이 이룬 업적을 보면 가히 '천재들의 모임'이라 불러도 손색없다.

존 매카시 John McCarthy, 28세: 회의 주최자였던 이 젊은 수학자는 훗날 스탠포드 대학 교수가 되어 AI 프로그래밍 언어 LISP를 창시하고, 1971년 튜링상을 받으며 "인공지능의 아버지"라 불리게 된다.

마빈 민스키 Marvin Minsky, 29세: MIT 수학과의 이 괴짜 천재는 MIT AI 연구소를 창립하고 《마음의 사회》를 저술하며, 1969년 튜링상을 받아 "인지과학의 아버지"가 된다.

클로드 섀넌 Claude Shannon, 40세: 벨 연구소의 이미 유명한 이론가였던 그는 디지털 혁명의 이론적 토대를 완성하여 "정보 시대의 아인슈타인", "현대 통신의 아버지"라 불리게 된다.

앨런 뉴웰 Allen Newell, 28세: 카네기 공대의 이 젊은 컴퓨터과학자는 인지 아키텍처 연구의 개척자가 되어 1975년 튜링상을 받는다. 그는 인간의 문제 해결 과정을 컴퓨터로 모델링하는 데 평생을 바쳤다.

하버트 사이먼 Herbert Simon, 40세: 카네기 공대의 경제학자였던 그는 뉴웰과 함께 최초의 AI 프로그램 중 하나인 Logic Theorist를 개발한다. 훗날 그는 1978년 노벨경제학상과 1975년 튜링상을 모두 거머쥐는 놀라운 성취를 이룬다.

올리버 셀프리지 Oliver Selfridge, 33세: MIT 링컨 연구소의 이 연구자는 컴퓨터 비전의 아버지가 되어 "판도라의 상자" 패턴 인식 알고리즘을 개발한다.

레이 솔로모노프 Ray Solomonoff, 28세: MIT의 이 젊은이는 알고리즘 정보 이론을 창시하여 현대 기계학습 이론의 토대를 구축한다. 다트머스 회의 내용을 자세히 기록해 후세에 전한 공로자이기도 하다.

아서 사무엘 Arthur Samuel, 45세: IBM의 이 연구자는 "Machine Learning"이라는 용어를 최초로 사용하고, 체커 프로그램으로 기계학습의 아버지가 된다.

트렌차드 모어 Trenchard More, 38세: 다트머스 수학과의 이 교수는 구간 해석학을 개척하여 수치해석 분야의 거장이 된다.

너새니얼 로체스터 Nathaniel Rochester, 37세: IBM의 수석 엔지니어로, 다트머스 회의 공동 제안자 중 한 명이다. IBM 701/704의 개발 책임자였으며, 인공지능을 현실의 프로그램 코드로 구현하려는 '현실주의자'였다. 이후 기계 학습 분야에서 여러 논문을 발표했다.

상상해 보라. 한 여름, 한 강의실에 모인 젊은이들 중에서 훗날 3명의 튜링상 수상자, 1명의 노벨상 수상자, 그리고 여러 학문 분야의 창시자들이 나왔다. 튜링상은 컴퓨터과학계의 노벨상이라 불린다. 그 상을 받은 사람들이 한자리에 모여 있었던 것이다.

마치 1927년 솔베이 회의*에서 아인슈타인, 보어, 하이젠베르크, 퀴리 부인, 슈뢰딩거 등이 한자리에 모였던 것처럼, 1956년 다트머스는 인공지능 역사의 '솔베이 회의'였던 셈이다. 하지만 당시에는 아무도 몰랐다. 그저 "기계가 생각할 수 있을까?"라는 질문에 빠진 젊은 몽상가들의 모임일 뿐이었다.

---

* 솔베이 회의: 1927년 브뤼셀에서 열린 제5회 솔베이 물리학 회의. 당시 세계 최고의 물리학자 29명이 모여 양자역학을 논의했다. 참석자 중 17명이 노벨상을 수상했거나, 훗날 수상하게 된다.

서로 다른 꿈들이 만나다

논리의 야심가, 존 매카시

"지능은 논리입니다. 추론의 문제죠."

다트머스의 젊은 수학자 매카시는 '논리주의자'였다. 그는 인간의 사고를 수학적 기호와 논리 규칙으로 표현할 수 있다고 믿었다.

"만약 '모든 인간은 죽는다'와 '소크라테스는 인간이다'라는 명제를 기계에 입력하면, 기계도 '소크라테스는 죽는다'를 추론할 수 있어야 합니다."

그에게 AI는 거대한 논리 엔진이었다. 감정도, 직감도 필요 없이, 순수한 이성만으로 인간을 뛰어넘을 수 있다고 생각했다.

뇌를 사랑한 공학자, 마빈 민스키

"지능은 연결입니다. 뉴런의 네트워크죠."

하버드 출신의 괴짜 천재 민스키는 매카시와 정반대였다. 그는 '연결주의자'였다. 인간의 뇌처럼 수많은 인공 뉴런을 연결하면 지능이 저절로 나타날 것이라고 믿었다.

"뇌에는 1000억 개의 뉴런이 있어요. 각각이 다른 뉴런들과 연결되어 복잡한 패턴을 만들죠. 그 패턴이 바로 우리의 생각입니다."

민스키는 매카시의 논리적 접근을 "너무 차갑다"고 비판했다. 지능에는 감정도, 직관도, 창의성도 필요하다고 봤다.

정보 이론의 전설, 클로드 섀넌

"지능은 정보입니다. 정보를 얼마나 효율적으로 처리하느냐가 핵심이죠."

이미 '정보이론의 아버지'로 불리던 섀넌은 벨 연구소의 스타였다. 그는 지능을 '정보 처리' 관점에서 접근했다.

"인간의 뇌도 결국 정보를 입력받고, 처리하고, 출력하는 시스템입니다. 그 과정을 수학적으로 분석할 수 있다면, 기계로도 구현할 수 있을 거예요."

섀넌의 참여는 이 모임의 격을 한층 높여주었다. 그의 존재만으로도 사람들은 "이게 정말 가능한 일일지도 모르겠다"고 생각하기 시작했다.

현실주의자, 너새니얼 로체스터

"좋습니다. 그런데 이걸 실제로 어떻게 프로그램으로 만들 건가요?"

IBM 704 컴퓨터의 설계자였던 로체스터는 이론가들 사이의 현실주의자였다. 그는 끊임없이 물었다.

"그 아이디어는 정말 멋져요. 하지만 컴퓨터에게 어떤 명령어를 줘야 하죠? 메모리는 얼마나 필요하고요?"

로체스터가 없었다면, 다트머스 회의는 그저 철학적 토론으로 끝났을지도 모른다. 그는 꿈을 코드로 바꾸는 역할을 자임했다.

칠판 위의 일곱 가지 질문

1956년 여름, 다트머스 강의실에서는 매일같이 아이디어가 쏟아졌다. 공식적인 발표보다도, 서로의 말에 끼어들며 던지는 질문들이 분위기를 이끌었다. 칠판에는 토론 중에 나온 핵심 의문들이 지워지고 다시 쓰이며 쌓여갔다. 실제 회의 제안서에는 인공지능을 위한 핵심 주제들이 명시되어 있었다. 이를 오늘의 시선으로 정리하면 다음과 같다

1. 자동 컴퓨터 (Automatic Computer)

컴퓨터가 프로그래머 없이도 스스로 작동할 수 있을까?

⇨ 프로그램을 스스로 짜고 실행하는 기계의 가능성.

2. 언어 처리 (Language)

기계가 인간의 말을 이해하고 대답할 수 있을까?

⇨ GPT로 이어지는 대화형 AI의 뿌리.

3. 신경망 (Neural Network)

인공 뉴런으로 인간의 뇌를 시뮬레이션할 수 있을까?

⇨ 뇌를 닮은 계산 구조, 훗날 '딥러닝'의 시작점.

4. 계산 이론 (Theory of Computation)

생각의 과정을 수학과 논리로 표현할 수 있을까?

⇨ 인간 사고를 공식화하려는 수학적 도전.

5. 자기 개선 (Self-Improvement)

기계가 스스로를 학습하고 더 똑똑하게 만들 수 있을까?

⇨ 머신러닝과 강화학습의 핵심 아이디어.

6. 추상화 (Abstraction)

구체적인 정보에서 일반적 원리를 찾아낼 수 있을까?

⇨ 패턴 인식과 일반화, 인간 지능의 본질.

7. 창의성과 무작위성 (Creativity and Randomness)

기계가 인간처럼 창의적인 사고를 흉내낼 수 있을까?

⇨ 인공지능이 예술과 창작으로 확장되는 상상.

지금 보면 놀랍다. 이 질문들에는 오늘날 우리가 GPT에게 기대하는 거의 모든 능력이 담겨 있었다. 말을 이해하고, 정보를 요약하며, 스스로 학습하고, 창의적으로 답변하는 오늘의 AI. 그 모든 시작은, 이 칠판 위의 낙서 같은 질문들이었다.

매일 오후 3시, 커피와 함께하는 꿈의 시간

매일 오후, 강의실에서는 독특한 풍경이 펼쳐졌다. 칠판 앞에 선 과학자들이 열띤 토론을 벌이는 모습이었다. 커피 잔을 들고 이론을 설명하는 사람, 칠판에 수식을 휘갈겨 쓰는 사람, 의자에 앉아 턱을 괴고 생각에 잠긴 사람들이 어우러져 마치 지적 혼돈의 카페 같은 분위기를 연출했다.

어느 날 오후, 매카시와 민스키가 격렬하게 논쟁했다.

[매카시] "감정은 지능에 꼭 필요한 건 아니에요. 체스 프로그램을 보세요. 감정 없이도 논리만으로 인간을 이길 수 있어요."

[민스키] "하지만 존, 진짜 지능은 그런 게 아니잖아요. 창의성, 직감, 심지어 실수까지... 그런 게 인간을 인간답게 만드는 거죠."

[매카시] "그럼 그런 '인간다움'을 어떻게 프로그램으로 만들 건데요?"

[민스키] "그게 바로 우리가 풀어야 할 문제죠!"

레이 솔로모노프는 매일 이런 대화들을 꼼꼼히 기록했다. 덕분에 우리는 70년 전 그 강의실의 분위기를 생생히 알 수 있다.

8월 17일, 마지막 날의 아쉬움

8주가 지났다. 마지막 날, 솔로모노프가 최종 발표를 했다.

"우리는 무엇을 이뤘을까요?"
솔직히 말하면, 구체적인 성과는 별로 없었다. 작동하는 프로그램도, 획기적인 이론도, 명확한 해답도 나오지 않았다. 매카시는 나중에 회고했다.

"록펠러 재단이 우리에게 기대했던 혁신적 성과는 없었습니다. 참석자들 모두 각자의 연구 일정이 있어서, 집중적인 공동 연구는 이뤄지지 않았어요."

하지만 뭔가 더 중요한 일이 일어났다.

그들은 서로의 질문에 영감을 받았다. 매카시는 민스키에게서 '학습'의 중요성을 배웠고, 민스키는 매카시에게서 '논리'의 힘을 인정했다. 섀넌은 모든 것을 '정보'라는 렌즈로 보는 시각을 제공했고, 로체스터는 이론을 현실로 만드는 방법을 고민하게 했다. 그리고 언젠가는 이 질문들에 대한 답을 분명히 구할 수 있을 것이라는 확신을 모두가 갖게 되었다.

1956년 여름이 오늘의 우리에게 닿다

그로부터 70년 후, 내 아이가 GPT에게 말한다.

"오늘 학교에서 있었던 일을 재미있는 이야기로 만들어줄래?"
GPT가 대답한다. 아이의 평범한 하루를 모험담으로 바꿔준다. 아이는 웃으며 읽는다.

그 모습 속엔 다트머스 강의실의 꿈이 고스란히 살아 있다. 매카시가 꿈꿨던 '언어를 이해하는 기계', 민스키가 상상했던 '창의적 사고를 하는 컴퓨터', 섀넌이 설계했던 '정보를 처리하는 시스템', 뉴웰과 사이먼이 구현하려 했던 '실제로 작동하는 프로그램'. 그 모든 것이 지금 우리 집 거실에 있다. 1956년 여름의 질문들이 오늘, 우리의 일상이 되었다.

질문이 가진 마법

그날 밤, 나는 아이에게 물었다.

"너는 GPT가 정말 너를 이해한다고 생각해?"

아이는 잠시 생각하더니 대답했다.

"잘 모르겠어. 하지만 내 말을 듣고 좋은 대답을 해주니까, 그게 중요한 것 같아."
나는 미소지었다. 이 아이의 대답이, 70년 전 다트머스 과학자들이 내린 결론과 똑같다는 것을 깨달았기 때문이다.
"진짜 이해인지는 모르겠지만, 유용한 건 확실하다."

그리고 나는 생각한다. 다트머스 여름이 우리에게 준 진짜 선물은 기술이 아니라 '질문하는 자세'였을지도 모른다.

매카시와 민스키는 8주 동안 명확한 답을 찾지 못했다. 하지만 그들은 올바른 질문을 던지는 법을 배웠다. 그 질문들이 70년간 수천 명의 과학자들을 이끌었고, 결국 우리 아이가 AI와 대화하는 이 순간을 만들어냈다.

"좋은 질문은 즉석에서 답을 주지 않는다. 하지만 계속 생각하게 만든다."

아빠가 된다는 것, 질문자가 된다는 것

요즘 나는 아이와 GPT의 대화를 지켜보며 이런 생각을 한다.

'이 아이가 던지는 질문 하나 하나가, 혹시 다음 세대 기술의 씨앗이 될까?'

"GPT야, 왜 사람들은 슬플 때 눈물을 흘려?"
"GPT야, 만약 로봇이 친구가 된다면 어떤 기분일까?"
"GPT야, 네가 진짜 살아있는 거라고 증명할 수 있어?"

1956년 매카시가 칠판에 썼던 질문들과 다르지 않다. 아이는 모르는 사이에 AI 철학자가 되어가고 있었다.

그리고 아빠의 역할은 아이에게 답을 주는 것이 아니라, 아이가 더 좋은 질문을 하도록 돕는 것이라는 것을 깨달아 가고 있는 중이다.
"좋은 질문이네. 더 생각해볼까?"
"그 질문에서 또 어떤 질문이 나올 수 있을까?"
"네 질문이 세상을 바꿀 수도 있어."

다음 장에서는 다트머스의 그 질문들이 어떻게 현실과 마주하며 두 번의 혹독한 시련을 겪었는지, 그리고 어떻게 다시 일어설 수 있었는지 그 이야기를 들어보자.

★ 부모를 위한 연습장 ★

♡ 오늘, 당신은 어떤 질문을 아이에게 던졌나요?

그것은 정답을 요구하는 질문이었나요?

아니면 함께 생각하기 위한 질문이었나요?

♡ 내가 가장 오래 붙잡고 있는 '질문'은 무엇인가요?

그 질문은 내 아이에게도 도움이 될 수 있을까요?

♡ 아이가 GPT에게 했던 질문 중 가장 인상 깊었던 것은?

그 질문에서 아이의 어떤 면을 발견했나요?

♡ 다트머스의 과학자들처럼, 오늘 아이와 함께 '질문이 기술이 되는 시간'을 만들어보세요.

"만약 컴퓨터가 정말 생각할 수 있다면,

우리는 어떻게 알 수 있을까?"

♡ 당신은 아이에게 어떤 '질문하는 자세'를 물려주고 싶나요?

7

AI, 두 번의 겨울과 부활

두 번의 겨울, 그리고 부활의 불씨

"아빠, GPT가 항상 똑똑했던 건 아니지?"

어느 날 저녁, 아이가 툭 던진 질문이었다.

나는 처음 GPT를 써봤을 때를 떠올렸다. '이거면 다 되겠는데?' 질문하면 답이 나오고, 글도 써주고, 아이 숙제도 척척 도와주고. 진짜 인간보다 똑똑한 기계가 나타난 것만 같았다.

하지만 시간이 지나자 불안한 마음이 들었다. '내가 이걸 정말 이해하고 쓰고 있는 걸까?' 마치 뭔가 대단한 걸 손에 들고 있지만, 그것이 무엇인지 몰라 조심스러운 사람처럼.

"그럼, 처음부터 이렇게 잘했어?"
아이가 다시 물었다.

나는 문득 예전에 느꼈던 무력감이 떠올랐다. 아이의 숙제를 도와주지 못하고 GPT가 척척 해결하는 것을 보며 느꼈던 좌절감, '나는 쓸모없는 아빠가 된 건 아닐까?'라는 불안감 말이다.

그런데 생각해보니, AI라는 기술 자체도 비슷한 경험을 했을 것 같았다. 그래서 AI가 걸어온 길을 들여다보기로 했다. 그리고 놀라운 사실을 알게 됐다. AI 역시 여러 번 어려운 시기를 겪었다는 것이다.

"아니야. AI도 힘든 시기가 있었어. 두 번이나. 사람들이 포기할 정도로."

아이의 눈이 반짝였다. "정말? 어떻게?"

첫 번째 겨울 :
기대는 크고, 기술은 작았다 (1973-1980)

1956년 다트머스 여름의 뜨거운 열기로부터 17년이 지났다. 존 매카시와 마빈 민스키를 비롯한 AI 연구자들이 야심찬 약속을 내걸었던 그 시절의 기대감은 이미 한계에 부딪히고 있었다.

1950년대 후반부터 1960년대에 걸쳐, AI 연구자들은 세상을 향해 대담한 약속을 쏟아냈다. 허버트 사이먼은 1957년 "기계가 20년 안에 인간이 할 수 있는 모든 일을 할 수 있게 될 것"이라고 예측했다. 마빈 민스키는 1961년 "우리가 살아있는 동안 기계가 일반적 지능에서 인간을 뛰어넘을 것"이라고 말했으며, 1967년에는 "한 세대 안에 지능의 거의 모든 영역이 기계의 영역이 될 것"이라고 예측했다.

당시 AI 연구자들은 정말로 사람처럼 말하고, 추론하고, 배우는 기계를 만들 수 있다고. 믿었다. 하지만 그 꿈은 현실의 복잡함 앞에서 무너졌다.

당시 AI 연구자들이 가장 자랑스럽게 여긴 성과는 '블록 세계 (Blocks World)'라는 프로젝트였다. 컴퓨터 화면 속에 빨간색, 파란색, 노란색 등 다양한 블록이 놓여 있었고, 사용자가 명령을 입력하면 AI가 그에 따라 블록을 움직였다. 예를 들어 "빨간 블록을 파란 블록 위에 올려라"라고 입력하면, AI는 그 명령을 '이해하고', 블록을 실제로 화면에서 옮겨 쌓았다. 당시에는 이게 정말 혁신처럼 느껴졌다. 컴퓨터가 언어를 알아듣고, 명령을 수행하는 시대가 열린 것처럼 보였기 때문이다.*

하지만 실상은 달랐다. 그 세계는 너무 단순했고, AI는 블록을 옮길 수는 있어도 '왜 그걸 옮기는지', '그게 무슨 의미인지'는 전혀 몰랐다. 말하자면, 지능이라는 바다를 실험하기 위해 만든 작은 어항에 불과했던 셈이다. 어항 안에서는 블록을 쌓을 수 있었지만, 파도도 없고 바람도 없고 진짜 세계도 없었다.

진짜 세상처럼 복잡한 문제, 모호한 문장, 상식이 필요한 상황 앞에서는 완전히 무력했다. 아이가 "엄마, 배고파"라고 말하면 뭘 해

---

* 블록 세계(Blocks World): AI 연구의 마이크로월드(microworld) 개념을 대표하는 실험 환경이다. 1960년대 말 마빈 민스키와 시모어 페퍼트가 제안한 개념으로, 복잡한 현실 세계 대신 단순화된 가상 환경에서 AI를 연구하자는 아이디어였다. 가장 유명한 사례는 MIT의 테리 위노그라드가 1968-1970년에 개발한 SHRDLU 프로그램이다. 사용자가 "빨간 블록을 파란 블록 위에 올려라" 같은 자연어 명령을 입력하면, 컴퓨터가 이를 해석하여 가상의 블록들을 조작했다. 당시로서는 컴퓨터가 자연어를 '이해'하는 것처럼 보이는 혁신적 성과였지만, 실제로는 매우 제한된 환경에서만 작동하는 시스템이었다. 현실 세계의 복잡성과 모호함을 다루지 못했기 때문에, 이후 AI 발전의 한계를 보여주는 사례가 되었다.

야 하는지, "비가 오니까 우산을 가져가"가 왜 당연한지 전혀 이해하지 못했다.

1960년대 말, 각국 정부들이 의문을 갖기 시작했다. 천문학적 돈을 쏟아부었는데 도대체 뭘 얻은 건지 궁금해졌다. 영국 정부도 마찬가지였다. "우리가 지원한 AI 연구가 뭘 해낸 거지?" 그래서 한 사람에게 냉정한 평가를 의뢰했다. 제임스 라이트힐 경*, 케임브리지 대학의 수학자이자 유체역학의 권위자였던 그는 AI에 대해 전혀 모르는 '외부인'이었다.*오히려 그래서 더 객관적일 수 있었다.

꿈을 박살낸 한 줄

1973년, 라이트힐의 보고서가 나왔다. 그의 평가는 AI계에 일종의 사형 선고나 다름없었다

• AI 분야의 어떤 부분도 당초 약속했던 '사회적 영향력'을 만들어 내지 못했다.

---

* 제임스 라이트힐 경(Sir James Lighthill, 1924-1998): 케임브리지 대학의 응용수학 교수이자 유체역학의 세계적 권위자. 1973년 영국 과학연구회의의 요청으로 AI 연구 현황을 평가한 보고서를 작성했다.

- AI가 하는 일은 기존 과학자들도 충분히 할 수 있는 것들이다.
- '조합 폭발'* 문제로 인해, AI의 알고리즘들은 현실 세계에서는 작동하지 않는다.*

라이트힐은 한 마디로 요약했다.

"인간의 능력을 조합한 범용 로봇은 신기루에 불과하다."

그 한 줄이, 지난 17년간 쌓아온 꿈을 무너뜨렸다. 정부는 등을 돌렸고, 연구실은 얼어붙었다. 영국은 즉시 AI 연구 자금을 끊었고, 미국 국방부(DARPA)도 "즉시 군사적 효용이 없는 AI 연구는 지원하지 않는다"는 정책을 발표했다.

AI의 겨울이 시작된 순간이었다.

---

* 조합 폭발(Combinatorial Explosion): 문제의 입력 크기가 조금만 커져도, 고려해야 할 경우의 수가 기하급수적으로 증가하는 현상을 말한다. 예를 들어 체스에서 각 수마다 약 20가지의 선택지가 있다고 할 때, 6수를 미리 분석하려면 1초면 되지만, 12수를 분석하려면 11일, 18수를 분석하려면 거의 3만 2천 년이 걸린다. 1960년대 AI 연구자들은 이론적으로 모든 경우를 계산하면 된다고 믿었지만, 실제로는 단순해 보이는 문제조차 계산량이 폭발적으로 늘어나 당시 컴퓨터 성능으로는 해결이 불가능했다. 이것이 1970년대 'AI의 겨울'이 시작된 핵심 원인 중 하나였다. 블록 세계처럼 극도로 단순화된 환경에서는 잘 작동했지만, 현실 세계의 복잡성과 우발성 앞에서는 무력했다.

1974년, 첫 번째 'AI 겨울'의 시작

대학에서 AI라는 단어를 쓰는 것만으로도 연구비를 받기 어려워졌다. 교수들은 연구 제안서에서 인공지능 대신 정보처리, 자동화 시스템 같은 우회적 표현을 써야 했다.

젊은 연구자들은 다른 분야로 떠났다. 컴퓨터 그래픽스, 데이터베이스, 운영체제 같은 더 확실한 성과를 낼 수 있는 분야들이었다. 사람들은 AI 라는 말을 입에 올리지 않기 시작했다. AI는 과장된 희망과 믿을 수 없는 기술의 상징이 되었다. 이제 AI는 '허황된 약속'의 대명사가 되었다.

두 번째 기회, 그리고 두 번째 겨울 (1980-1993)

하지만 1980년, AI에게 두 번째 기회가 왔다.
이번에는 '전문가 시스템'이라는 개념이 그 주인공이었다. 의사나 엔지니어처럼 어떤 분야에 전문 지식을 가진 사람의 판단 방식을 컴퓨터에 그대로 옮겨보려는 시도였다. 그 방법은 간단했는데, 'IF-THEN' (만약~라면, ~한다) 형식의 규칙을 수천 개씩 만들어 넣는 것이다. 예를 들어 의료분야에서는 아래처럼 작동한다.

IF 환자의 열이 38도 이상이고
　　기침을 하고
　　목이 아프다면
THEN 독감일 가능성이 높다

컴퓨터는 이런 전문가시스템*의 규칙을 바탕으로 진단이나 분석을 빠르게 내려주는 역할을 했다. 이 방식은 곧 산업 현장에서 놀라운 효과를 보였다. 대표적인 사례가 바로 '엑스콘'(XCON)이다.

엑스콘: AI가 처음으로 산업에서 성공하다

당시 컴퓨터 회사였던 디지털 이큅먼트 코퍼레이션(DEC)에는 골치 아픈 문제가 있었다. 고객이 컴퓨터를 주문하면, 수백 개의 부품을 조합해서 맞춤형 시스템을 만들어야 했는데, 어떤 부품들이 서로 호환되는지, 어떤 조합이 최적인지를 판단하는데 엄청난 시간이 걸렸다. 카네기 멜론 대학의 연구진은 숙련된 엔지니어들의 지식을 하나하나 규칙으로 정리해 컴퓨터 프로그램에 입력했다. 그 결과

---

* 전문가 시스템(Expert System): 특정 분야 전문가의 지식과 경험을 컴퓨터 프로그램으로 구현한 시스템. 'IF-THEN' 형태의 규칙들로 이루어져 있으며, 1980년대 AI 연구의 주류를 이루었다. 의료 진단, 금융 분석, 공학 설계 등 다양한 분야에 활용되었다.

탄생한 시스템이 '엑스콘'이었다. 놀랍게도 엑스콘은 대성공이었다. 1986년까지 DEC에 연간 4천만 달러의 비용 절감 효과를 가져다 주었다.

엑스콘처럼 전문가 시스템은 특정한 분야에서 놀라운 성과를 보여 주었다. 복잡한 규칙을 다루는 데 특화된 전문가 시스템은 사람보다 빠르게 판단을 내릴 수 있었고, 덕분에 'AI가 드디어 현실에 들어왔다'는 착각이 퍼졌다.

AI 르네상스의 착각

1980년대 중반, AI에 대한 기대는 다시 한 번 치솟았다. 전문가 시스템의 성공 덕분이었다. 기업들은 앞다투어 AI 부서를 만들었고, 수십억 달러가 흘러들었다. 심볼릭스(Symbolics), LISP머신즈 같은 스타트업들은 AI 전용 컴퓨터를 만들어 팔았다. 기계가 사람처럼 생각할 거라는 믿음이 퍼져나갔다.

그 중심에는 MIT AI 연구실 출신의 러셀 노어드(Russell Noftsker)가 있었다. 그는 AI가 산업의 중심이 될 것이라 확신하며, 인간처럼 사고하는 컴퓨터를 만들겠다는 목표로 심볼릭스를 창립했다. 이들이 만든 'LISP 머신'은 AI 언어인 '리습(LISP)'에 최적

화된 최초의 전용 컴퓨터였고, 한때는 '생각하는 컴퓨터'의 전초기
지처럼 여겨졌다.

일본은 더 거대했다. 1981년, 통상산업성이 무려 8억 5천만 달러
(현재 가치 약 20억 달러)를 투입해 '5세대 컴퓨터 프로젝트'를 시
작했다.

• 인간 언어로 대화하는 컴퓨터
• 자연어 번역기
• 이미지를 이해하는 시각 시스템
• 인간처럼 추론하는 AI

이 프로젝트를 주도한 인물은 국립전자기술연구소의 수석 과학자
후지사키 히로타카(Fujisaki Hirotaka)였다. 그는 인간의 지능을
컴퓨터에 구현하겠다는 비전을 제시했고, 일본은 이 프로젝트를 국
가의 자존심으로 밀어붙였다. 후지사키는 "5세대 컴퓨터는 일본 지
성의 총결산이 될 것"이라고 선언했고, 세계는 다시 한 번 AI가 인
류의 미래를 바꿀 것이라 기대하기 시작했다.

미국은 '전략 컴퓨팅 이니셔티브'*라는 프로젝트로 대응했고, 영

---

* 전략 컴퓨팅 이니셔티브(Strategic Computing Initiative): 1983년 미국
국방부 고등연구계획청(DARPA)이 시작한 10억 달러 규모의 AI 연구 프로젝
트. 일본의 5세대 컴퓨터에 대응하기 위해 자율 차량, 전투기 조종사 보조 시
스템, 전투 관리 시스템 개발을 목표로 했다.

국은 '알베이 프로그램'*라는 이름으로 대규모 연구에 착수했다. 마치 AI의 르네상스가 열리는 듯했다.

하지만 곧 문제가 드러났다. 전문가 시스템은 '학습'을 하지 못했다.

- 규칙이 수천, 수만 개로 불어나며 시스템은 점점 무거워졌고
- 예상치 못한 상황에는 전혀 대처하지 못했다.
- 새로운 지식을 추가하면, 기존 규칙 전체가 흔들렸다.

정적 지식의 한계는 명확했다. 컴퓨터는 여전히 사람이 짜준 규칙만 따라할 수 있었다.

그리고 1987년, 붕괴가 시작되었다

IBM과 애플이 내놓은 범용 컴퓨터가 갑자기 강력해졌다. 그런데 이 컴퓨터들도 LISP 프로그램을 돌릴 수 있었다. 게다가 AI 전용 기계보다 훨씬 싸고 빨랐다. 심볼릭스의 LISP 머신은 하나에 10만 달러였다. IBM PC는 3천 달러였다. 그런데 성능은 비슷했다. 5억

---

* 알베이 프로그램(Alvey Programme): 1983-1987년 영국이 추진한 3억 5천만 파운드 규모의 정보기술 연구 프로그램. 소프트웨어 공학, 인공지능, 인간-컴퓨터 인터페이스, 지능형 지식 기반 시스템 연구에 집중했다.

달러 규모의 AI 하드웨어 산업이 하룻밤에 사라졌다. 1991년, 일본의 5세대 컴퓨터 프로젝트가 조용히 종료되었다. 10년 전, 그렇게 당당하게 내걸었던 '생각하는 컴퓨터'의 목표는 거의 아무것도 달성되지 못했다.

그렇게, 두 번째 AI 겨울이 찾아왔다. 이번에도 인간은 너무 많은 것을 기대했고, AI는 너무 적은 것을 해냈다.

어둠 속의 불씨: 포기하지 않은 사람들

하지만 모두가 AI를 버린 것은 아니었다. 1980~90년대, 조용히 한 길을 파고들던 사람들이 있었다. 그들은 '논리'도 '규칙'도 아닌, 뇌 속 뉴런처럼 작동하는 기계, 즉 신경망(Neural Network)을 연구하고 있었다. 신경망은, 인간의 뇌처럼 수많은 뉴런(신경세포) 이 서로 연결되어 정보를 전달하는 구조에서 영감을 얻은 기술이다. 당시는 "복잡하기만 하고 쓸모 없다"는 평가를 받았지만, 몇몇 연구자들은 끝까지 이 길을 포기하지 않았다.

그들이 바로, 훗날 '딥러닝의 3대 대부'로 불리게 되는 세 사람이다.

제프리 힌튼 Geoffrey Hinton: 토론토 대학에서 신경망이 AI의 미래라고 믿고 있었다. 1986년, 동료들과 함께 '역전파(Backpropagation)' 알고리즘을 완성했다. 이는 AI가 실수를 거꾸로 추적해, 어느 뉴런을 얼마나 수정해야 할지 스스로 배우게 하는 방법이었다.

얀 르쿤 Yann LeCun: AT&T 벨 연구소에서 '합성곱 신경망(CNN)'을 개발했다. 이는 사람의 시각 시스템을 모방한 구조로, 훗날 이미지 인식 기술의 핵심이 된다.

요슈아 벤지오 Yoshua Bengio: 몬트리올 대학에서 단어들 사이의 의미 관계를 수학적으로 표현하는 '언어 모델'을 연구했다. 이 연구는 GPT 같은 언어 AI의 밑바탕이 된다.

하지만 1990년대까지는, 이들의 연구가 전혀 주목받지 못했다. 신경망은 한물간 기술로 여겨졌고, 이 세 사람은 '시대에 뒤처진 고집쟁이들'로 평가받았다. 그러나 그 고집이 결국, AI를 다시 불러내는 불씨가 된다. 그리고 2018년, 이 세 사람은 AI의 부활에 기여한 공로로 함께 '컴퓨터 과학의 노벨상'이라 불리는 튜링상을 수상하게 된다.

하지만 신경망에는 한 가지 고질적인 문제가 있었다. 층을 많이 쌓을수록 성능이 좋아질 것 같지만, 오히려 학습이 잘 되지 않았던 것이다. 마치 전화를 여러 사람에게 돌려줄수록 음성이 점점 흐릿해지는 것처럼, 깊은 신경망에서는 신호가 중간에서 희미해져서 앞쪽 뉴런까지 제대로 전달되지 않았다. 이 때문에 '딥러닝(deep learning)'은 말뿐이고, 실제로는 얕은 구조만 쓸 수 있었다.

그러던 2006년, 힌튼은 이를 해결할 방법을 제시했다. 그는 '깊은 믿음 신경망(Deep Belief Network)'이라는 새로운 구조를 고안했다. 핵심은, 전체를 한꺼번에 학습시키는 대신, 층별로 차례차례 훈련시키는 방식이었다. 이 아이디어는 '딥러닝'이라는 단어가 진짜 의미를 갖게 해주는 첫걸음이었다. 하지만 당시엔 여전히 큰 주목을 받지 못했다. 딥러닝의 부활은 아직 멀어 보였다.

그런데 세 가지 변화가 동시에 일어났다.

첫째, 데이터의 폭발
인터넷이 발달하면서 상상할 수 없는 양의 데이터가 쌓였다. 사진, 동영상, 텍스트... 신경망이 학습할 수 있는 재료가 무한정 생겼다.

둘째, 컴퓨팅 파워의 혁명
게임 산업 덕분에 GPU가 발달했다. GPU는 단순한 계산을 동시에 수천 개씩 처리할 수 있었다. 신경망 계산에 딱 맞는 하드웨어였다.*

셋째, 알고리즘의 진화

신경망의 성능을 높이기 위한 새로운 기술들도 빠르게 개발되었다. 예를 들어, ReLU라는 간단한 수학 함수는 계산 속도를 크게 높였고, 드롭아웃이라는 기법은 컴퓨터가 모든 걸 외우지 않고 더 잘 일반화할 수 있게 도와주었다. 또 학습 효율을 높이는 다양한 최적화 방법들이 등장하면서, 신경망은 더 깊고 안정적으로 성장할 수 있게 되었다.

그리고 마침내, 시대가 그들을 따라오기 시작했다.

2012년 9월 30일 : 이미지넷의 기적

'이미지넷(ImageNet)' 대회는 매년 열리는 이미지 인식 경진대회다. 전 세계 연구자들이 100만 장의 사진을 1000개 카테고리로 분류하는 정확도를 겨룬다.

---

* GPU(Graphics Processing Unit): 원래 게임 그래픽 처리를 위해 개발된 칩이지만, 수천 개의 작은 연산을 동시에 처리할 수 있어 신경망 계산에 최적화되어 있다. 2000년대 후반부터 딥러닝 혁명의 핵심 하드웨어가 되었다. 특히 엔비디아(NVIDIA)는 게이머들을 위해 만든 GPU가 뜻밖에도 AI 연구의 필수품이 되면서 세계에서 가장 가치 있는 기업 중 하나로 성장했다.

2012년, 제프리 힌튼의 제자 알렉스 크리체프스키와 일리야 서츠케버가 '알렉스넷(AlexNet)'이라는 8층짜리 깊은 신경망을 들고 대회에 출전했다.

결과는 충격적이었다.
- 기존 최고 성능: 오류율 26.2%
- 알렉스넷: 오류율 15.3%

무려 10% 이상의 압도적 차이였다. 컴퓨터가 이미지를 보고 이해하는 능력, 즉 컴퓨터 비전(Computer Vision)분야에서 이만큼의 성능 향상을 이룬 건 전례가 없었다. 이 분야의 개척자이자 '딥러닝 3대 대부' 중 한 명인 얀 르쿤은 이렇게 말했다.

"이것은 컴퓨터 비전 역사상 명백한 전환점이다."

그 발표 이후, 학계의 분위기는 단숨에 바뀌었다. 컴퓨터 비전을 연구하던 모든 이들이 딥러닝으로 갈아탔다. 하룻밤 사이에 '딥러닝'은 선택이 아닌 필수가 되었다.

AI는 다시 세상의 중심으로 돌아왔다.

모든 연구 기관, 기업, 투자자들이 '딥러닝'이라는 단어에 열광하기

시작했다. GPT부터 자율주행, 이미지 생성, 번역, 의료 분석까지
— 딥러닝의 부활 이후, AI 기술들은 폭발적으로 발전하기 시작했
다.

두 번의 겨울을 견딘 AI가 마침내 봄을 맞이한 것이다. 그리고 이
봄은 곧 우리 집 거실까지 찾아올 예정이었다.

★ 부모를 위한 연습장 ★

♡ 당신이 최근에 '좌절'을 느꼈던 순간은 언제였나요?

그 좌절감이 AI의 '겨울'과 비슷하다고 느껴지나요?

♡ 당신이 30년간 포기하지 않고 지켜온 것이 있나요?

힌튼처럼 끝까지 믿고 있는 가치나 꿈이 있나요?

♡ 아이가 어떤 일로 좌절할 때, 어떻게 격려해주나요?

"AI도 실패했다가 성공했다"는 이야기를 해줄 수 있을까요?

♡ 새로운 기술이 나올 때마다 불안해하시나요?

그 기술을 '경쟁상대'가 아닌 '도구'로 보는 연습을 해보세요.

♡ 오늘, 아이와 함께 '포기하지 않는 힘'에 대해 이야기해보세요.

가족만의 '절대 포기하지 않을 것' 하나를 정해보는 건 어떨까요?

8

GPT는
진짜 생각하는 걸까?

이미지에서 언어로: AI는 어떻게 우리 집에 왔을까

2012년 이미지넷에서 알렉스넷이 세상을 놀라게 한 후, AI는 눈부신 속도로 발전했다. 하지만 그때만 해도 AI는 주로 '보는' 일에 특화되어 있었다. 사진 속 고양이를 구별하고, 얼굴을 인식하며, 의료 영상을 분석하는 등의 성과가 대표적이었다. 기계는 인간의 눈을 대신해 사물을 식별하는 데 탁월했지만, 여전히 말을 걸거나 문장을 이해하는 일에는 서툴렀다.

그런데 불과 10여 년 만에 상황은 완전히 달라졌다. 이제 우리는 화면 속 AI와 자연스럽게 대화를 나누고, 글을 쓰고, 질문에 대한 긴 설명까지 받을 수 있다. 어떻게 해서 인공지능은 단순히 '보는 존재'에서 벗어나, '대화하는 존재'로 확장될 수 있었을까?

2017년, 게임을 바꾼 한 편의 논문

결정적 전환점은 2017년이었다. 구글의 연구진이 "Attention is All You Need(어텐션이면 충분하다)"라는 제목의 논문을 발표했다. 언뜻 보면 다소 담백하고 겸손해 보이는 제목이지만, 이 논문은 AI 역사를 갈라놓은 혁명적 사건이었다.

그 이전까지 인공지능은 문장을 순서대로 하나씩 처리해야 했다. 마치 책을 첫 장부터 차례로 읽듯, 단어를 앞에서부터 이어 붙이는 방식이었다. 이 과정에서 주로 사용되던 것이 RNN(순환신경망)과 CNN(합성곱신경망) 같은 복잡한 구조였다.* 그러나 이런 방식은

---

* RNN(순환신경망, Recurrent Neural Network): 문장이나 음성 같은 순차적 데이터를 처리하는 AI 구조. 이전 단어의 정보를 기억해서 다음 단어를 예측하지만, 긴 문장에서는 앞부분 내용을 잊어버리는 한계가 있었다. 주로 번역, 음성인식에 사용되었다.
CNN(합성곱신경망, Convolutional Neural Network): 주로 이미지를 인식하는 데 특화된 AI 구조. 사진에서 특징을 찾아내어 고양이, 개 등을 구별할 수 있다. 하지만 문장 처리에는 한계가 있어 언어 AI에는 적합하지 않았다.

긴 문장에서 앞부분의 맥락을 잊거나, 언어 처리에 적합하지 않다는 한계가 있었다.

이 한계를 뛰어넘은 것이 바로 트랜스포머(Transformer)였다. 트랜스포머는 문장을 순차적으로 읽는 대신, 문장의 모든 단어를 동시에 바라보며 각 단어가 어떤 관계를 맺는지를 계산한다. 이 새로운 구조의 핵심은 바로 '어텐션(Attention)' 메커니즘이었다.

예를 들어 "그는 배가 고파서 배를 타고 식당에 갔다"라는 문장을 보자. 첫 번째 '배'와 두 번째 '배'는 서로 전혀 다른 의미다. 기존의 AI는 이를 구분하는 데 어려움을 겪었지만, 트랜스포머는 문장 전체의 맥락을 동시에 고려하면서 첫 번째 '배'는 '허기'를, 두 번째 '배'는 '탈것'을 의미한다는 사실을 즉시 파악할 수 있었다.

이 논문*을 발표한 8명의 연구원들은 단순히 새로운 기술을 제안

---

*   Ashish Vaswani, Noam Shazeer, Niki Parmar, Jakob Uszkoreit, Llion Jones, Aidan Gomez, Łukasz Kaiser, Illia Polosukhin(2017). "Attention is All You Need(어텐션이면 충분하다)." Advances in Neural Information Processing Systems (NIPS 2017). 정확히는 구글에서 근무하는 7명의 연구원들과 토론토대학교 대학생이면서 구글에서 인턴을 하고 있던 1명(에이단 고메즈) 포함 총8명이 공저로 발표한 혁명적 논문으로, 트랜스포머 구조를 제안하여 현재 ChatGPT, Gemini, Claude 등 모든 대형 언어 모델의 기초가 되었다. 제목은 비틀즈의 "All You Need Is Love"를 패러디한 것으로, 복잡한 RNN이나 CNN 없이도 어텐션만으로 충분하다는 혁신적 주장을

한 것이 아니라, 오늘날 ChatGPT, Gemini, Claude 같은 대형 언어 모델의 토대를 마련했다. 제목은 비틀즈의 명곡 "All You Need Is Love"를 패러디한 것으로, 복잡한 신경망 대신 '어텐션만으로 충분하다'는 메시지를 담고 있었다. 겉보기에는 소박했지만, 그 속에는 인류가 언어와 기계의 관계를 새롭게 정의하게 될 거대한 전환이 숨어 있었다.

2018-2022년, 언어 AI의 폭발적 성장

트랜스포머가 등장한 후, 언어 AI*는 폭발적으로 발전했다.

2018년 BERT 구글이 만든 AI로, 문장의 앞뒤 맥락을 모두 이해할 수 있게 됐다.

2019년 GPT-2 OpenAI가 만든 AI로, 처음으로 '사람처럼 글을 쓸

담고 있다.
* 언어 AI(Language AI): 인간의 언어를 이해하고 생성할 수 있는 인공지능을 말한다. 텍스트를 읽고 의미를 파악하거나, 질문에 답하거나, 글을 써주는 등의 언어 관련 작업을 수행한다. 특히 ChatGPT, Gemini, Claude처럼 방대한 데이터로 훈련된 대규모 언어 모델을 LLM(Large Language Model)이라고 한다.

수 있다'는 평가를 받았다. 너무 위험하다며 처음에는 공개를 꺼렸을 정도였다.

2020년 GPT-3 1,750억 개의 매개변수를 가진 거대한 AI. 이때부터 사람들이 "이거 정말 사람 같다"고 말하기 시작했다.

2022년 ChatGPT: GPT-3를 기반으로 대화에 특화시킨 버전. 웹사이트에 접속하기만 하면 누구나 무료로 AI와 대화할 수 있게 되어, 드디어 일반인도 쉽게 AI를 체험할 수 있게 되었다.

연구실에서 우리 집 거실까지

가장 놀라운 건 이 기술이 연구실을 벗어나 우리 일상으로 들어온 속도였다. 2022년 11월 ChatGPT가 공개되자, 5일 만에 100만 명이 사용했고 2개월 만에 사용자가 1억 명을 넘어섰다.

이제 누구나 AI와 대화할 수 있게 됐다. 아이들은 숙제 도움을 받고, 직장인들은 메일을 쓰고, 작가들은 아이디어를 얻었다. AI가 더 이상 실험실의 연구 대상이 아니라, 우리 생활의 일부가 된 것이다.

후일담: 세상을 바꾼 8명, 그들은 지금 어디에?

2017년, 세상을 바꾼 논문 "Attention is All You Need"는 단순한 연구 성과로 끝나지 않았다. 이 논문을 공동으로 집필했던 8명의 연구자들은 이후 AI 역사의 또 다른 흐름을 만들어냈다.

• 아시시 바스와니(Ashish Vaswani): 트랜스포머의 제1저자였던 그는 구글을 떠나 Essential AI를 창업해 CEO로 활동 중이다. 이 회사는 대형 언어모델을 기업과 연구자들이 더 쉽게 활용할 수 있도록 개방형 AI 플랫폼을 개발하고 있으며, "누구나 AI 연구를 손쉽게 이어갈 수 있게 하겠다"는 비전을 내세운다.

• 노암 샤지어(Noam Shazeer): 구글 브레인의 핵심 엔지니어였던 그는 Character.AI를 창업해, 사람들과 끝없이 대화하는 개인화 AI의 가능성을 열었다. 이 회사는 폭발적인 인기를 얻었고, 2024년 구글은 약 27억 달러를 투자하며 그를 구글로 다시 불러들였다. 지금 그는 구글의 차세대 AI 프로젝트인 Gemini를 이끌고 있다.

• 니키 파르마(Niki Parmar)는 트랜스포머 논문의 공동 저자 가운데 유일한 여성 연구자였다. 그는 2021년 구글을 떠난 뒤 Adept AI Labs와 Essential AI를 잇달아 공동 창업하며 연구와 산업을

잇는 시도를 이어갔다. 최근에는 Anthropic에 합류해 차세대 언어 모델 개발에 직접 참여하고 있다.

• 야코브 우스코라이트(Jakob Uszkoreit): 그는 AI를 넘어 생명과학으로 눈을 돌려, 스타트업 Inceptive Nucleics를 창업했다. 인공지능을 이용해 RNA와 분자를 설계하는 이 회사는, 언어를 다루던 AI가 이제는 생명의 언어를 해독하는 단계로 확장될 수 있음을 보여준다.

• 리온 존스(Llion Jones): 2024년 일본 도쿄에서 Sakana AI를 공동 창업했다. 사카나는 일본어로 '물고기'를 뜻하는데, 이들은 "자연의 진화 원리"에서 영감을 받아 AI 모델을 개발한다. 짧은 기간에 수천억 원대 투자를 끌어낸 이 회사는 "AI 생태계의 이노베이션 실험실"로 불린다.

• 에이든 고메즈(Aidan Gomez): 논문 집필 당시 겨우 20대 초반의 토론토 대학생이자 구글브레인의 인턴이었던 그는 캐나다로 돌아가 Cohere를 창업했다. Cohere는 기업 맞춤형 언어모델을 제공하며, 기업가치가 수조 원을 넘어선 유니콘 기업으로 성장했다.

• 우카시 카이저(Łukasz Kaiser): 수학과 교육에 뿌리를 둔 그는 현재 OpenAI 연구원으로, GPT-4와 ChatGPT 같은 모델 개발에

직접 참여하고 있다. 그는 "AI가 언어를 이해하는 방식"을 고안했던 당사자가, 이제 그 언어모델을 인류가 사용하는 방식까지 설계하고 있는 셈이다.

• 일리야 폴로수힌(Illia Polosukhin): 그는 AI에서 한 걸음 더 나아가 블록체인 플랫폼 NEAR Protocol을 공동 창업했고, 현재 NEAR Foundation CEO로 활동 중이다. "AI와 분산 시스템"이라는 두 축을 연결하려는 그의 시도는, 트랜스포머 이후 새로운 기술적 패러다임의 실험이라 할 만하다.

그중에서도 특히 노암 샤지어의 사례는 상징적이다. 구글을 떠나 스타트업을 창업한 뒤, 다시 구글에 수십억 달러 규모로 재영입되어 제미나이 프로젝트를 이끄는 그의 궤적은, 오늘날 AI 산업의 치열한 '인재 전쟁'과 기술 패권 경쟁을 단적으로 보여준다.

8명의 흩어짐은 단순한 이직이 아니었다. 그것은 트랜스포머라는 하나의 아이디어가 대화형 AI, 기업용 AI, 블록체인, 생명과학, 차세대 연구로 확산되는 과정이었다. 혁신은 한 곳에 머물지 않는다. 좋은 아이디어는 사람을 통해 퍼져나가며, 원래 상상했던 것보다 훨씬 큰 변화를 만들어낸다.

흥미로운 역설이 하나 있다. 2017년 트랜스포머를 발명한 것은 구글이었지만, 2022년 ChatGPT로 세상을 뒤흔든 것은 OpenAI였다. 구글은 트랜스포머를 기반으로 BERT(2018), LaMDA(2021) 등을 개발했지만, '책임 있는 AI'라는 명목으로 공개를 신중하게 진행했다. 반면 OpenAI는 불완전해도 일단 출시한 후 사용자 피드백으로 개선해나갔다.

ChatGPT 출시 후 구글은 급하게 'Code Red'를 발령하고 Bard를 서둘러 출시했다. 혁신의 딜레마가 현실로 나타난 순간이었다. 기술을 발명한 회사가 그 기술로 세상을 바꾸는 영광을 다른 회사에게 내준 것이다.

마법 같은 대화, 그리고 그 뒤에 숨겨진 비밀

"아빠, 이거 진짜 사람 아니야?"

아이가 컴퓨터 화면을 가리키며 물었다. GPT와 30분째 대화를 나누고 있던 아이의 얼굴에는 신기함과 의심이 교차하고 있었다. 나는 화면을 들여다봤다. GPT는 아이의 온갖 질문에 척척 대답하고 있었다. 수학 문제도 풀어주고, 재미있는 이야기도 만들어주고, 심지어 아이의 고민에 공감까지 해주고 있었다.
"당연히 컴퓨터지. GPT라고 AI야."

"하지만 말하는 게 완전 사람 같은데?"

나도 솔직히 놀라고 있었다. GPT가 업데이트를 거듭하며, 그 수준이 상상을 뛰어넘고 있었다. 마치 정말 똑똑한 사람과 대화하는 것 같았다.

그때 문득 예전에 읽었던 '튜링 테스트'가 떠올랐다. 기계가 인간처럼 대화할 수 있으면 그 기계를 '생각하는 존재'로 봐야 한다는 아이디어였다.

1950년, 앨런 튜링의 놀라운 제안

나는 아이에게 앨런 튜링*의 이야기를 들려줬다. 1950년, 영국의 수학자 앨런 튜링은 흥미로운 게임을 제안했다. '이미테이션 게임(모방 게임)'이라고 불린 이 게임의 규칙은 간단했다.

---

* 앨런 튜링(Alan Turing, 1912-1954): 영국의 수학자이자 컴퓨터 과학의 아버지로 불린다. 2차 대전 중 독일군의 암호기 에니그마를 해독했으며, 현대 컴퓨터의 이론적 토대를 마련했다. 1950년 "Computing Machinery and Intelligence"라는 논문에서 튜링 테스트를 제안했다.

튜링 테스트의 게임 방식

1. 심판이 자신의 컴퓨터 앞에 앉아서 채팅으로 대화를 한다
2. 다른 곳에는 사람 한 명과 컴퓨터가 각각 있다

   (심판은 누가 누군지 모름)
3. 심판이 채팅창에 질문을 치면, 사람과 컴퓨터가 각각 채팅으로
답한다
4. 심판은 오직 채팅 답변만 보고

   "어느 쪽이 사람이고 어느 쪽이 컴퓨터인지" 구별해야 한다
5. 만약 심판이 구별하지 못해서 컴퓨터를 사람으로 착각한다면,

   그 컴퓨터는 '생각하는 기계'라고 인정하자

쉽게 말해, 온라인 채팅에서 컴퓨터가 사람처럼 대답해서 심판을
완전히 속일 수 있다면, 그 컴퓨터는 진짜로 '생각한다'고 봐도 된
다는 뜻이었다. 튜링은 원래 "기계가 생각할 수 있는가?"라는 철학
적 질문을 "기계가 인간을 완벽하게 흉내낼 수 있는가?"라는 실험
가능한 질문으로 바꾼 것이었다.

그는 예측했다. "2000년경이면 컴퓨터가 70% 확률로 인간을 속일
수 있을 것이다." 2000년은 이미 지나갔고, 그의 예측은 틀렸지만
지금의 GPT는 그 수준에 도달해 있다.

"우리도 해보자!" 나는 아이에게 제안했다.

GPT의 놀라운 능력, 그리고 이상한 실수

며칠 후 주말, 한가로운 오후, 나는 GPT와 더 깊은 대화를 나눠봤다. 결과는 놀라웠다.

"토마스 에디슨에 대해 알려줘."

토마스 에디슨(1847-1931)은 미국의 발명가입니다. 전구, 축음기, 영화 촬영기 등 1,093개의 특허를 보유했죠. '천재는 1%의 영감과 99%의 노력'이라는 명언으로도 유명합니다. 메놀로파크에 연구소를 설립해서...

정확하고 자세했다. 나도 모르던 내용까지 알려줬다.

"에디슨이 노벨물리학상을 받은 이유는 뭐야?"

토마스 에디슨은 1921년 노벨물리학상을 수상했습니다. 전구 발명과 전기 분야의 혁신적 기여를 인정받았기 때문입니다. 특히 직류 전기 시스템의 상용화와 전력 분배 네트워크 구축에 대한 업적이 평가받았습니다.

나는 뭔가 이상했다. 에디슨이 노벨상을 받았나? 확신이 서지 않아서 검색해봤다. 그리고 검색 결과, 토마스 에디슨은 노벨상을 받지 않았다. 나는 충격받았다. GPT가 그럴듯한 거짓말을 한 것이었다. 그것도 아주 구체적이고 확신에 찬 어조로.

다시 시도해봤다.

"김철수라는 한국 소설가에 대해 알려줘."

김철수(1962-2019)는 한국의 대표적인 현대 소설가입니다. 대표작으로는 '바람의 언덕', '그림자 너머' 등이 있으며, 2010년 이상문학상을 수상했습니다. 특히 도시 소외 계층의 삶을 섬세하게 그려낸 작품들로 호평을 받았습니다.

완전히 지어낸 이야기였다. 김철수라는 소설가는 존재하지 않았다. 이상했다. 분명 똑똑한 것 같은데, 왜 이런 황당한 거짓말을 지어내는 걸까?

중국어 방의 비밀: 이해 없는 지능

이 궁금증이 계속 머릿속을 맴돌았다. 그러던 중 예전에 읽었던 철학 개념이 떠올랐다. '중국어 방 논증'*이라는 것이었다.

1980년, 철학자 존 설의 사고실험

어떤 사람이 밀폐된 방에 갇혀 있다. 그는 중국어를 전혀 모른다. 하지만 방 안에는 거대한 중국어 사전이 있다. 정확히는 "이런 중국어 질문이 들어오면, 이런 중국어로 대답하라"는 규칙집이다. 밖에서 중국어 질문지가 들어온다. 방 안의 사람은 규칙집을 찾아보고, 해당하는 중국어 답변을 써서 내보낸다. 밖에서 보면, 이 방은 중국어를 완벽하게 이해하는 것처럼 보인다. 어떤 질문을 해도 적절한 답이 나온다.

하지만 방 안의 사람은 중국어를 이해하는가?

존 설의 답은 "아니다"였다. 그는 단순히 의미를 모르는 기호들을 규칙에 따라 조작할 뿐이다. 진정한 '이해'와는 다르다는 것이다.

설은 주장했다. "문법은 의미가 아니다."
나는 문득 깨달았다. GPT도 마찬가지가 아닐까? 어마어마한 규칙집을 가진 중국어 방 같은 거 아닐까?

---

* 중국어 방 논증(Chinese Room Argument): 1980년 철학자 존 설(John Searle)이 제시한 사고실험. 컴퓨터가 언어를 처리할 수 있어도 진정으로 '이해'하는 것은 아니라는 주장을 뒷받침하기 위해 고안되었다. AI 철학에서 가장 유명한 논증 중 하나다.

확률적 앵무새: GPT의 진짜 정체

나는 더 깊이 파고들었다. GPT가 실제로 어떻게 작동하는지 알아봤다.

(아주 단순화 한) GPT의 작동 원리

1. 인터넷의 모든 글을 읽어서 패턴을 학습
2. "이 단어 다음에 올 확률이 가장 높은 단어"를 통계적으로 예측
3. 그 결과를 연결해서 문장을 만듦

예를 들어:

• "토마스 에디슨은 ___" 다음에 올 확률이 높은 단어들 :
   발명가, 미국의, 전구를 등
• "노벨상을 받은" 다음에 올 확률이 높은 단어들 :
   과학자, 이유는, 업적 등

GPT는 이런 식으로 단어들을 이어 붙여서 마치 아주 똑똑한 앵무새처럼 그럴듯한 문장을 만든다.

2021년, 언어학자 에밀리 벤더는 이런 AI를 '확률적 앵무새(Stochastic Parrot)'*라고 불렀다. 통계에 기반해서 말을 흉내 내는 앵무새라는 뜻이다. 그래서 GPT는

---

* 확률적 앵무새(Stochastic Parrot): 2021년 워싱턴대 언어학과의 에밀리 벤

- 자주 언급되는 유명한 내용은 정확히 안다
- 없는 내용도 그럴듯하게 지어낸다. (환각Hallucination)**
- 진실과 거짓을 구별하지 못한다
- '의미'를 이해하지 못하고 '패턴'만 따라한다

결국 GPT는 중국어 방 안의 사람과 똑같았다. 인터넷 데이터라는 엄청난 규칙집을 가지고 있지만, 정작 무슨 말을 하는지는 모르는 존재였다.

아이의 놀라운 통찰

그날 저녁, 나는 아이에게 '중국어 방' 이야기를 들려주었다.

더(Emily Bender) 교수와 구글의 티므니트 게브루(Timnit Gebru) 등이 FAccT 학회에서 발표한 논문 「On the Dangers of Stochastic Parrots」에서 처음 제시된 개념이다. 대형 언어 모델이 진정한 이해 없이 통계적 패턴만으로 그럴듯한 텍스트를 생성한다는 비판적 관점을 담고 있으며, 이들의 생성 방식이 '의미 없는 반복적 말하기'에 불과하다고 주장한다. 발표 과정에서 구글과의 갈등으로 게브루가 해고(혹은 사임)되며 AI 윤리에 대한 논쟁이 전 세계적으로 확산되었다.

** 환각(Hallucination): AI가 존재하지 않는 정보를 마치 사실인 것처럼 그럴듯하게 생성하는 현상. GPT 같은 대화형 AI의 주요 한계 중 하나로, 사용자가 항상 주의해야 할 부분이다.

"그럼 GPT는 진짜 생각하지 않는 거야?"

"글쎄... 어떻게 생각해?"

아이는 잠시 고민하더니 말했다.

"생각 안 하는 게 맞는 것 같아."

"왜?"

"왜냐하면 틀려도 창피해하지 않거든. 사람은 틀리면 부끄러워하잖아. 그게 생각하는 거 아닐까?"

나는 아이의 관찰이 너무 정확해서 깜짝 놀랐다.

"그리고 GPT는 '모르겠다'고 말하지 않아. 사람은 모르면 '모르겠어'라고 말하는데, GPT는 모르는 것도 아는 척 해. 그것도 이상해."

"또?"

"GPT한테 '지금 기분이 어때?'라고 물어봤는데, '저는 감정이 없지만 도움을 드릴 수 있어서 기쁩니다'라고 했어. 감정이 없다면서 기쁘다는 게 말이 안돼."

나는 아이의 철학적 사고력에 감탄했다. 이 아이가 AI의 모순을 정확히 포착하고 있었다.

아이가 발견한 AI의 특징

• 창피함의 부재 → 자의식 없음
• "모르겠다" 거부 → 불확실성 인정 능력 부족
• 감정 모순 → 논리적 일관성 부족

그래서 답은?

"그럼 GPT는 생각하지 않는 거네?" 아이가 결론을 내리려 했다.

"잠깐만, 그게 그렇게 단순하지 않을 수도 있어." 나는 조금 더 복잡한 질문들을 던졌다.

"그럼 생각이란 정확히 뭘까? 인간의 뇌도 결국 뉴런들이 전기신호를 주고받는 거잖아. 그것도 어떤 면에서는 '규칙에 따라 반응하는 것'과 비슷하지 않을까?"

"음..." 아이가 어려워하는 것 같았다.

"그리고 GPT가 지금은 '흉내'만 내고 있을지도 모르지만, 10년 후에는 어떻게 될까? 더 똑똑해져서 정말로 '이해'하게 될 수도 있지 않을까?"

"그걸 어떻게 알 수 있어?"

"그게 바로 핵심이야. 우리는 아직 몰라. 심지어 다른 사람이 정말 '생각'하는지도 확실하지 않아. 너의 머릿속을 내가 직접 볼 수는 없잖아."

아이는 신기하다는 듯 물었다.

"그럼 영원히 모르는 거야?"

"아니야. 계속 질문하고, 관찰하고, 생각하다 보면 답에 가까워질 거야. 그리고 그 과정 자체가 우리를 더 똑똑하게 만들어줄 거고."

질문하는 인간 vs 대답하는 기계

GPT가 생각하는지 안 하는지는 사실 중요하지 않을 수도 있다. 더 중요한 것은 GPT와의 대화를 통해 우리가 '생각이란 무엇인가'를 더 깊이 고민하게 된다는 점이었다.

GPT는 항상 답한다. 틀려도, 모르는 것도 그럴듯하게 답한다. 인간은 질문한다. 모르면 모른다고 하고, 의심하고, 다시 묻는다.

어쩌면 '생각'이란 답을 아는 것이 아니라, 계속 질문하는 능력일지도 모른다.

아이에게 말했다.

"GPT가 정말 생각하는지는 모르겠어. 하지만 확실한 건 GPT 덕분에 우리가 더 많이 생각하게 됐다는 거야."

"맞아. 나도 요즘 '생각'이 뭔지 생각해봐."

"그거면 충분해. GPT는 답을 주는 기계일지 모르지만, 넌 질문하는 인간이니까."

★ 부모를 위한 연습장 ★

♡ 오늘 GPT와 대화해보세요. 그리고 다음을 관찰해보세요.

GPT가 확신에 차서 말하지만 틀린 내용이 있었나요?

GPT가 "모르겠습니다"라고 말한 적이 있나요?

♡ 아이와 함께 "생각이란 무엇인가" 대화해보세요.

아이가 생각하는 '생각'의 정의는 무엇인가요?

동물도 생각한다고 보나요? 컴퓨터는 어떤가요?

♡ 튜링 테스트를 직접 해보세요.

가족이 돌아가며 GPT와 사람 답변을 섞어서 맞춰보기

어떤 답변이 더 '인간적'이었나요?

♡ "중국어 방" 개념을 일상에 적용해보세요.

아이가 구구단을 외울 때와 이해할 때의 차이

암기와 이해의 차이점을 대화해보세요.

♡ GPT에게 철학적 질문을 던져보세요.

"넌 정말 나를 이해해?" "기분이 어때?" "꿈을 꿔?"

답변을 통해 GPT의 한계를 느껴보세요.

제3부
다시, 아이 곁에 서기 위해

9

아이가 GPT와 대화할 때,
아빠는 무엇을 해야 할까?

정답을 주는 사람에서 질문을 함께 던지는 동료로

"GPT야, 이 글을 좀 더 재미있게 써줄래? 그리고 쉽게도 써줘."

며칠 전, 아이가 GPT에게 하는 말을 들으며 나는 약간 불편했다. '너무 가볍게 대하는 거 아닌가? 좀 더 진지하게 써야 하는 거 아닌가?' 그때까지만 해도 나는 GPT를 마치 도서관 사서나 백과사전처럼 생각하고 있었다. 정중하게 질문하고, 나온 답변을 그대로 받아들이는 것이 올바른 사용법이라고 여겼다. 하지만 이제는 안다.

내가 완전히 잘못 생각하고 있었다는 것을. 아이는 이미 GPT를 올바르게 사용하고 있었다. 오히려 내가 뒤처져 있었던 것이다.

그럼 이제, 나는 무엇을 해야 할까?

지난 10년간, 나는 '정답을 아는 아빠'였다. 아이가 "아빠, 공룡은 언제 살았어?"라고 물으면, "백악기, 쥐라기에 살았지"라고 대답했다. "아빠, 1+1은 왜 2야?"라고 물으면, "그게 수학의 규칙이야"라고 설명했다. "아빠, 왜 하늘은 파란색이야?"라고 물으면, 구글링을 하며 "빛의 산란 때문이야"라고 알려줬다. 나는 정보를 제공하는 사람이었다. 아이의 궁금증을 해결해주는 사람이었다. 그리고 그것이 아빠의 역할이라고 믿었다.

그런데 GPT가 나타났다. 아이가 같은 질문을 GPT에게 하면, GPT는 나보다 더 정확하고, 더 자세하고, 더 재미있게 대답해줬다. 심지어 그림까지 그려주면서. 그때 나는 생각했다. '내 역할이 사라지는 건 아닐까?'

하지만 몇 주간의 관찰을 통해 깨달았다. 아빠의 역할은 정답을 제공하는 것이 아니었다. AI 시대에 부모에게는 더 중요한 세 가지 새로운 역할이 있었다.

AI시대 부모의 세 가지 새로운 역할

역할 1: 함께 탐험하는 파트너

- 기존의 나: "그건 틀렸어. 이게 맞는 거야."
- 새로운 나: "오, 흥미로운 질문이네! 어떻게 그런 답이 나왔지?"

어느 날 오후, 아이가 GPT에게 물었다.

"GPT야, 만약 지구가 정육면체라면 어떨까?"

예전의 나라면 "말도 안 되는 질문하지 마"라고 했을 것이다. 하지만 이번에는 달랐다.

"우와, 재미있는 질문이네! GPT가 뭐라고 했어?"

GPT는 정육면체 지구의 중력, 기후, 생명체에 대해 상세히 설명했다. 과학적으로 불가능하지만, 상상력을 자극하는 답변이었다.

"너는 어떻게 생각해? 정육면체 지구에서 살고 싶어?"
아이는 신나서 대답했다.

"모서리에 살면 스릴 넘칠 것 같아! 하지만 떨어질까 봐 무서울 것 같기도 하고..."

아이의 반응을 보면서 생각했다. 내 역할은 아이의 상상력을 억누르는 것이 아니라, 함께 그 상상의 세계를 탐험하는 것이었다. 이후로 나는 아이가 GPT와 대화할 때마다 "어떤 질문을 했어?"라고 물어보기 시작했다. 답변보다는 과정에 관심을 보였다. "GPT 답변 중에 어느 부분이 가장 재미있었어?"고 아이의 관점을 들었다. 때로는 "나도 한번 물어볼까?"라며 함께 참여하기 시작 했다.

역할 2: 함께 검증하는 동료

- 기존의 나: "그건 틀렸어. GPT가 틀렸네."
- 새로운 나: "정말? 우리가 알고 있는 건 다른데... 같이 확인해볼까?"

어느 날 아이가 흥미진진한 표정으로 달려왔다.

"아빠! GPT가 그러는데, 펭귄이 북극에도 산대!"

예전의 나라면 "그건 틀렸어. 펭귄은 남극에만 살아"라고 바로 정정했을 것이다. 하지만 이번에는 다르게 접근했다.

"정말? 그런데 우리가 알고 있는 건 펭귄이 남극에만 산다는 건데,

GPT 답변이 정말 맞는지 같이 확인해볼까?"

우리는 함께 검색했다. 여러 자료를 찾아본 결과, 펭귄은 남극과 남반구에만 서식한다는 것을 확인했다.

"GPT도 가끔 틀리는구나. 그럼 우리는 어떻게 해야 할까?"
아이가 대답했다. "중요한 건 다른 자료랑 비교해보는 거네!"

이 경험을 통해 아이는 중요한 것을 배웠다. AI도 완벽하지 않으며, 정보를 검증하는 것이 얼마나 중요한지를. 이런 일이 몇 번 반복되자 우리만의 규칙이 생겼다. GPT 답변이 나오면 "이거 정말 맞는지 다른 자료도 찾아볼까?" 하고 함께 확인해보는 것이다. 확실한 부분과 이상한 부분을 구분하며 "이건 사실이야? 의견이야? 아니면 추측이야?" 하고 함께 분석하는 습관도 생겼다

역할 3: 의미를 묻는 철학자
· 기존의 나: "많이 배웠네." (정보 확인)
· 새로운 나: "GPT가 알려준 건 알겠어. 그런데 너는 어떻게 생각해?"
GPT가 줄 수 없는 것이 있다. 바로 '의미'다.

아이가 역사 숙제를 하고 있었다. GPT에게 임진왜란에 대해 물어

보고 완벽한 답을 얻었다. 날짜, 인물, 사건 순서까지 모든 정보가 정확했다. 그때 내가 끼어들었다.

"GPT가 알려준 사실들은 알겠어. 그런데 너는 이 전쟁에 대해 어떻게 생각해?"

"음... 무슨 뜻이야?"

"만약 네가 그 시대에 살았다면 어땠을까? 무서웠을까? 화가 났을까?"

아이는 잠시 생각하더니 말했다. "무서웠을 것 같아. 그리고 화도 났을 것 같아. 왜 다른 나라를 침입하지?"

"그럼 지금 우리는 그런 전쟁이 일어나지 않도록 뭘 할 수 있을까?"

"음... 다른 나라 사람들과 친하게 지내고, 서로 이해하려고 노력하는 거?"
그 순간 역사는 더 이상 외워야 할 정보가 아니라 생각해야 할 의미가 되었다. 이렇게 나는 아이와 대화할 때마다 "GPT가 알려준 건 알겠어. 그런데 너는 어떻게 생각해?" 하고 개인적인 해석을 유도하기 시작했다. "이게 지금 우리에게 주는 교훈은 뭘까?" 하며 현재적 의미를 찾아보기도 하고, "만약 네가 주인공이라면 어떻게 했을까?" 하며 상황 속으로 몰입해 보기도 했다.

아이는 이미 GPT전문가였다

며칠 후, 나는 놀라운 장면을 목격했다. 아이가 친구 생일 편지를 쓰고 있었는데, GPT의 도움을 받으면서도 완전히 다른 방식으로 사용하고 있었다.

"GPT야, 친구 생일 편지 써줘."

GPT가 반듯한 편지를 써줬다. 하지만 아이는 만족하지 않았다.

"이건 너무 딱딱해. 더 따뜻하게 써줘."

GPT가 다시 썼다. 이번에는 더 친근했다.

"음... 그런데 이건 내 마음이 아니야. 내가 정말 고마워하는 마음을 써줘. 친구가 나를 도와줬을 때 얼마나 기뻤는지 써줘."

그제서야 GPT가 진심이 담긴 편지를 써줬다.

나는 그 모습을 보며 놀라웠다. 어른들이 '프롬프트 엔지니어링*'이 니 '효과적인 질문법'이니 하며 복잡한 기법들을 배우려 하는데, 아이는 그런 걸 전혀 모르면서도 자연스럽게 최고의 결과를 얻고 있었다.

- GPT를 명령하고 있었다 ("더 따뜻하게 써줘")
- 결과를 비판적으로 평가하고 있었다 ("이건 내 마음이 아니야")
- 자신만의 의미를 추구하고 있었다 ("내가 정말 고마워하는 마음을")

전에 내가 불편하게 여겼던 '재미있게 써줘', '쉽게 써줘'라는 말들도 다시 보였다. 그것은 가볍게 대하는 것이 아니라, GPT를 자신의 목적에 맞게 조정하는 능숙한 사용법이었다.

새로운 동료가 된 아빠, 그리고 우리만의 규칙

나는 아이에게 말했다. "네가 GPT 쓰는 거 보니까, 정말 잘 쓰고

---

* 프롬프트 엔지니어링(Prompt Engineering): AI에게 원하는 답변을 얻기 위해 질문이나 명령을 효과적으로 작성하는 기술. 최근 AI 활용에서 중요한 스킬로 주목받고 있다.

있더라."

"당연하지. 나는 원래 잘했어."

"맞아. 아빠가 너한테 배워야겠다."

"좋아! 그럼 아빠도 GPT랑 친해져 봐."

그 순간, 우리의 관계가 바뀌었다. 나는 더 이상 정답을 알려주는 사람이 아니었다. 우리는 이제 함께 이 새로운 세계를 탐험하는 동료가 되었다. 그리고 아이와 함께 GPT를 사용하면서 몇 가지 중요한 원칙을 세웠다.

• 정보 검증의 습관화: GPT 답변을 받으면 반드시 다른 자료와 비교해본다. "GPT가 맞다"가 아니라 "확인해보자"가 기본 자세다. GPT도 실수할 수 있기 때문이다.

• 과의존 방지: GPT에게만 의존하지 않고, 스스로 생각하고 판단하는 시간을 갖는다. "GPT 없이도 할 수 있어?"라고 가끔 물어본다. 스스로 생각하는 능력이 더 중요하기 때문이다.

• 개인정보 보호: 주소, 전화번호, 학교명 등 구체적인 개인정보는 GPT에게 알려주지 않는다. GPT와의 대화 내용이 어떻게 저장되고 사용될지 알 수 없기 때문이다.

• 비판적 사고: GPT가 주는 정보를 무조건 받아들이지 않고, "정말 그럴까?", "다른 방법은 없을까?"라고 의문을 갖는다. AI가 항상 옳지는 않기 때문이다.

질문하는 인간의 힘

몇 주 후, 아이가 또 다른 질문을 GPT에게 던졌다.

"GPT야, 사람은 왜 꿈을 꿀까?"

GPT가 과학적 설명을 해줬다. 뇌의 정보 정리, REM 수면, 기억 강화 등등. 그때 내가 끼어들었다.

"GPT 설명은 알겠어. 그런데 너는 꿈에 대해 어떻게 생각해? 꿈이 왜 필요하다고 생각해?"

아이는 잠시 생각하더니 말했다.
"꿈은... 우리가 상상할 수 있게 해주는 것 같아. 현실에서는 못 하는 일들을 꿈에서 해보고, 그러면서 새로운 아이디어가 생기는 거 아닐까?"

"와, 멋진 생각이다. 그럼 GPT도 꿈을 꿀 수 있을까?"

"음... GPT는 상상은 할 수 있는 것 같은데, 꿈은 못 꿀 것 같아. 왜냐하면 꿈은 진짜 자는 동안 저절로 나오는 건데, GPT는 안 자 잖아."

아이의 대답을 들으면서 확신이 들었다. 내 아이는 단순히 정보를 받아들이는 사람이 아니라, 세상에 대해 스스로 생각하고 해석하는 철학자로 자라고 있었다.

GPT는 대답한다. 아주 잘, 아주 빠르게, 아주 정확하게. 하지만 인 간은 질문한다. 의미를 묻고, 가치를 따지고, 꿈을 꾼다.
AI 시대에 부모의 역할은 사라지지 않았다. 오히려 더 중요해졌다. 우리는 아이들이 GPT로부터 정보를 얻는 것을 도우면서도, 그 정 보 너머의 의미를 찾도록 이끌어야 한다. 우리는 아이들이 AI의 능 력을 활용하면서도, 인간만이 할 수 있는 질문을 놓지 않도록 도와 야 한다.

나는 이제 정답을 주는 사람이 아니라, 더 나은 질문을 함께 던지 는 동료가 되었다. GPT는 대답할 것이다. 하지만 우리 아이는, 나 와 함께 질문하며 자랄 것이다.

★ 부모를 위한 연습장 ★

♡ 탐험 파트너 되기 연습

상황: 아이가 GPT에게 "공룡 중에 가장 강한 건 뭐야?"라고 물었습니다.

기존 반응: "티라노사우루스야" (정답 제공)

새로운 반응:"오, 재미있는 질문이다! GPT가 뭐라고 했어? 너는 어떤 공룡이 가장 강할 것 같아?"

연습해보세요: 오늘 아이가 GPT에게 한 질문 하나를 떠올리고, 탐험 파트너로서 어떻게 반응했을지 써보세요.

♡ 함께 검증하는 동료 되기 연습

상황:아이가 "GPT가 그러는데 펭귄이 날 수 있대!"라고 말합니다.

기존 반응:"펭귄은 못 날아. GPT가 틀렸네" (즉석 정정)

새로운 반응:"정말? 우리가 알기로는 펭귄이 못 나는데, 같이 확인해볼까?"

연습해보세요: 아이와 함께 GPT 답변을 검증해본 경험이 있나요? 없다면 내일 한 번 시도해보세요.

♡ 의미를 묻는 철학자 되기 연습

상황: 아이가 GPT로부터 지구온난화에 대한 정보를 얻었습니다.

기존 반응: "많이 배웠네" (정보 확인)

새로운 반응: "그럼 우리는 지구를 위해 뭘 할 수 있을까?

　　　　　　 네 생각은 어때?"

연습해보세요: 오늘 하루 아이에게 "너는 어떻게 생각해?"라고 몇 번 물어봤나요? 내일 세 번은 의도적으로 이 질문을 던져보세요.

10

질문은
어떻게 아이를 키우는가

생각을 틔우는 한마디 질문의 힘

"아빠, 왜 나무는 겨울에 잎이 다 떨어져?"

아이의 질문에 나는 습관적으로 대답하려 했다. "광합성을 못하니까... 에너지를 아끼기 위해서 그래."

하지만 그 순간, 나는 멈췄다. 나는 이미 예전의 내가 아니다. 정답을 주는 것보다 더 중요한 것이 있다는 걸 이제 나는 안다.

"넌 어떻게 생각해? 왜 그럴 것 같아?"

아이는 잠시 생각하더니 말했다.

"음… 겨울엔 눈이 많이 오니까, 나뭇잎에 눈이 쌓이면 무거워서 가지가 부러질까 봐?"

"오! 아주 멋진 생각이네. 그럴 수도 있겠다. 그럼 열대 우림에 있는 나무들은 왜 잎이 안 떨어질까?"

"응? 거긴 겨울이 없으니까?"

"맞아! 겨울이라는 조건이 중요하겠지? 나중에 같이 찾아볼까?"

그때 비로소 알게 되었다. 내가 준비된 답을 건넸다면, 아이의 궁금증은 그 자리에서 멈췄을 것이다. 대신 질문으로 응답했을 때, 아이 눈에 반짝이는 호기심을 볼 수 있었다. 하나의 질문이 꼬리에 꼬리를 물고 이어졌다. 질문은 정말 신비한 힘을 가지고 있는 것 같았다. 도대체 무엇이 질문을 이토록 강력하게 만드는 걸까?

자전거와 질문: 성장의 비계를 놓다

몇 주 후, 아이와 함께 자전거 연습을 하면서 나는 중요한 깨달음을 얻었다.

처음에 아이는 혼자서는 자전거를 탈 수 없었다. 넘어지기만 했다. 하지만 내가 뒤에서 잡아주자, 신기하게도 탈 수 있었다. 이것이 바로 러시아의 심리학자 비고츠키가 말한, 혼자서는 못 하지만 도움을 받으면 할 수 있는 영역인 '근접발달영역(ZPD)'*이었다. 나는 단순히 자전거를 잡아주기만 한 것이 아니라 계속해서 질문을 던졌다.*

"페달 밟을 준비됐니?"
"어디를 보고 가야 할까?"
"균형을 잡으려면 어떻게 해야 할 것 같아?"

이 질문들이 바로 '비계(Scaffolding)'**역할을 했다. 건물을 지을 때 임시로 설치하는 발판처럼, 내 질문들이 아이가 스스로 자전거

---

* '근접발달영역(Zone of Proximal Development, ZPD)'은 러시아의 심리학자 레프 비고츠키(Lev Vygotsky)가 제안한 개념으로, 아동이 스스로는 해결하지 못하지만, 성인이나 더 유능한 또래의 도움을 받으면 수행할 수 있는 문제 해결의 범위를 의미한다.

를 탈 수 있도록 돕는 보이지 않는 발판이 된 것이다. 며칠 후, 놀
라운 일이 일어났다. 아이가 혼자 자전거를 타기 시작한 것이다.
더 놀라운 것은 아이가 스스로에게 질문하고 있다는 것이었다.

"어디를 봐야 하지?" ·
"더 세게 페달을 밟아야 하나?"

내가 던졌던 질문들이 아이의 내면으로 들어가서, 아이 스스로 묻
고 답하는 능력이 된 것이다. 질문은 아이 성장의 비계다. 처음에
는 부모가 던지지만, 결국 아이가 스스로 던지게 되는 성장의 도구
다.

질문이 뇌를 바꾸는 과학적 비밀

왜 질문이 이런 마법 같은 힘을 갖는 걸까? 뇌과학의 측면에서 조
금 더 생각해 보자.

첫째, 질문은 뇌의 CEO를 깨운다.

** '비계(Scaffolding)'는 교육심리학자 제롬 브루너(Jerome Bruner)가 근접
발달영역 이론을 토대로 발전시킨 개념으로, 학습자가 독립적으로 과제를 수행
할 수 있도록 돕기 위해 제공하는 임시적·점진적 지원을 말한다.

"프랑스의 수도는 파리야"라고 정보를 들려주면, 아이의 뇌는 수동적으로 받아들인다. 하지만 "만약 네가 프랑스 대통령이라면, 나라를 위해 가장 먼저 뭘 하고 싶어?"라고 묻는 순간, 상황이 달라진다. 뇌의 최고경영자인 전두엽*이 활성화된다. 전두엽은 사고하고, 계획하고, 문제를 해결하는 뇌의 핵심 부위다. 동시에 기억을 저장하는 해마**도 강력하게 작동한다. 단순한 정보 입력이 아니라, 뇌 전체가 살아 움직이며 생각하게 되는 것이다.

둘째, 질문은 기쁨의 화학물질을 분비한다.

새로운 질문은 뇌에 지적 호기심을 유발한다. 뇌과학자들의 연구에 따르면, 지적 호기심이 생길 때 '쾌감 호르몬'인 도파민 시스템이 활성화된다고 한다. 이 도파민은 보상 기제처럼 작용해서 학습에 대한 긍정적 감정과 동기를 만들어낸다. 좋은 질문은 아이가 공부를 '억지로 해야 할 일'이 아닌 '재미있는 게임'으로 느끼게 만드는 천연 보상 시스템인 셈이다.

---

* 전두엽은 의사결정, 문제 해결, 계획 수립 등 고차원적 인지 기능을 담당하는 뇌의 핵심 부위다. 질문은 이 부위를 활성화시켜 능동적 학습과 창의적 사고를 유도한다.

** 해마(Hippocampus)는 뇌의 측두엽에 위치한 구조로, 새로운 기억의 형성과 저장에 핵심적 역할을 한다. 질문을 통한 능동적 학습 과정에서 해마가 활성화되면 단순 암기보다 훨씬 강력하고 지속적인 기억이 형성된다. 단순한 정보 입력이 아니라, 뇌 전체가 살아 움직이며 생각하게 되는 것이다.

셋째, 질문은 뇌 구조 자체를 바꾼다.

가장 놀라운 건 질문이 뇌를 물리적으로 변화시킨다는 것이다. 아이가 "내가 지금 뭘 생각하고 있지?"라고 자신을 돌아보는 순간, 뇌에서는 특별한 일이 일어난다. 감정과 생각을 연결하고 조절하는 뇌 영역이 더 활발해지고 발달하기 시작하는 것이다.

마치 근육을 쓸수록 더 강해지는 것처럼, 질문을 통해 자신을 성찰할수록 뇌는 더 유연해지고 새로운 걸 배우는 데 열려있게 된다. 질문하는 아이의 뇌는 질문하지 않는 아이의 뇌와 실제로 다르게 생겨난다는 뜻이다.

질문은 단순한 대화 기법이 아니라, 아이의 뇌를 물리적으로 성장시키는 과학적 도구였다.* 질문은 정보를 주는 도구가 아니라, 뇌를 설계하고 아이의 사고 구조를 재편하는 도구였다. 우리가 아이

---

* 이러한 주장은 신경과학 연구로 뒷받침된다. Fleming, Weil, Nagy, Dolan, & Rees(2010, Science, 329, 1541-1543)의 연구에 따르면, 개인의 메타인지 능력은 우측 전전두피질의 회백질 부피와 유의미한 상관관계를 보였다. 또한 Johnson, Baxter, Wilder, Pipe, Heiserman, & Prigatano(2002, Brain, 125, 1808-1814)의 fMRI 연구는 자기성찰 과제 수행 시 전내측 전전두피질과 후대상피질이 일관되게 활성화됨을 확인했다. 전전두피질은 계획, 판단, 충동 조절 등 고차원적 사고를 담당하며 20대 중반까지 발달하는 뇌의 마지막 성숙 영역이다. 이러한 뇌-행동 상관관계와 신경가소성 원리를 바탕으로 볼 때, 아동·청소년기의 질문과 자기성찰 활동이 관련 뇌 영역의 발달에 긍정적 영향을 미칠 수 있다.

에게 던지는 한 마디의 질문이, 그들의 미래를 만드는 시작이 될
수 있다.

메타인지: 생각에 대해 생각하는 힘

어느 날, 아이가 수학 숙제로 고생하고 있었다. 예전의 나라면 "이
렇게 하는 거야"라고 바로 가르쳐줬을 것이다. 하지만 이번에는 다
르게 접근했다.

"어떤 부분이 어려워?"

"이 문제가 뭔 말인지 모르겠어."

"그럼 이 문제를 풀 때 네 머릿속에서 어떤 일이 일어나고 있는 것
같아?"

아이는 잠시 자신을 돌아보더니 말했다.

"음... 숫자를 보면 일단 더해야 하나 빼야 하나 헷갈려. 그리고 답
이 맞는지 확신이 안 서."

"오, 그럼 헷갈리지 않으려면 어떻게 하면 좋을까?"

"문제를 천천히 다시 읽어보고, 뭘 구하라는 건지 먼저 확인해볼까?"

이것이 바로 메타인지(Metacognition)*의 힘이었다. 메타인지란, '생각에 대해 생각하는 능력'이다. 즉, 자신이 무엇을 알고 있고, 무엇을 모르는지 자각하며, 그에 따라 학습 전략을 조정하고 스스로 사고를 통제하는 고차원적 사고 능력이다. *

내가 "왜 그렇게 생각했어?", "어떤 순서로 생각했어?"라고 물어주자, 아이는 처음으로 자신의 사고 과정을 관찰하기 시작했다. 이것은 학습의 최고 단계이다. 정보를 받아들이는 것을 넘어서, 자신의 학습 과정을 스스로 조절할 수 있게 되는 것이다.
시간이 지나며 아이가 자신의 학습 과정을 스스로 점검하기 시작했다.

"이 문제에서 뭘 구하라는 거지?"

---

* 메타인지(Metacognition)는 플라벨(Flavell, 1979)이 처음으로 제시한 개념으로, 학습자가 자신의 사고 과정을 인식하고 조절하는 능력을 의미한다. 이는 자기주도 학습, 문제 해결, 비판적 사고의 핵심 요소로 여겨진다. Flavell, J. H. (1979). Metacognition and cognitive monitoring: A new area of cognitive-developmental inquiry.

"내가 지금 제대로 이해하고 있나?"

"다른 방법으로도 풀 수 있을까?"

"이 방법이 맞는지 어떻게 확인하지?"

단순히 질문을 하는 게 아니라, 자신의 사고 과정을 관찰하고 조절하는 능력이 생긴 거다. 스스로 "내가 지금 뭘 생각하고 있는지" 돌아보면서 학습을 이끌어가는 모습이었다.

대화를 바꾸는 질문의 기술

그렇다면 어떤 질문이 좋은 질문일까? 나는 일주일간 내가 아이에게 던지는 질문들을 기록해봤다. 그리고 열린 질문과 닫힌 질문으로 이들을 구분해 보았다.

닫힌 질문	열린 질문
학교 재밌었어?	오늘 학교에서 가장 기억에 남는 순간은 뭐였어?
숙제 다 했니?	이 숙제를 하면서 어떤 점이 가장 어려웠어?
이거 답이 뭐야?	이 문제에 대한 너의 생각은 어때?
친구랑 싸웠어?	친구와 어떤 일이 있었는지 말해줄래?
배고프지?	지금 네 기분은 어때?

결과는 확연히 달랐다. 닫힌 질문에는 "응", "아니", "몰라"로 대답

이 끝났다. 하지만 열린 질문에는 아이가 길게 이야기하기 시작했다. 자신의 감정을 표현하고, 상황을 설명하고, 심지어 해결책까지 스스로 찾아나갔다.

특히 인상 깊었던 대화가 있었다.
"오늘 학교에서 가장 기억에 남는 순간은 뭐였어?"

"음... 미술 시간에 그림을 그렸는데, 선생님이 내 그림을 보고 "창의적이다"라고 하셨어."

"어떤 기분이었어?"

"되게 기뻤어. 그런데 동시에 좀 부끄럽기도 했어."

"왜 부끄러웠을까?"

"다른 애들이 내 그림을 이상하게 생각할까 봐서."

"그럼 다음에는 어떻게 하고 싶어?"

"음... 다른 사람 눈치 보지 말고, 내가 하고 싶은 대로 그려볼래."

이 대화에서 나는 단 한 번도 조언을 하지 않았다. 질문만 던졌을 뿐이다. 하지만 아이는 스스로 자신의 감정을 탐색하고, 문제를 분석하고, 해결책까지 찾아냈다. 질문은 아이를 수동적 청취자에서 능동적 사고자로 바꾸는 마법의 열쇠였다.

부모를 바꾸는 질문의 힘

하지만 가장 큰 변화는 아이가 아니라 나에게 일어났다. 예전의 나는 '답을 아는 사람'이었다. 아이의 모든 궁금증을 해결해주려 했고, 모든 문제에 대한 해답을 제시하려 했다. 그것이 아빠의 역할이라고 생각했다. 하지만 질문하는 부모가 되면서, 나는 '함께 탐험하는 동료'가 되었다.

어느 날 아이가 물었다.

"아빠, 왜 어른들은 항상 바쁘다고 해?"

예전의 나라면 "일해서 돈을 벌어야 하니까"라고 답했을 것이다. 하지만 이번에는 되물었다.
"너는 왜 그럴 것 같아?"

"음... 할 일이 너무 많아서?"

"그럼 할 일이 많으면 왜 바쁘다고 느낄까?"

"시간이 부족해서?"

"그럼 시간을 늘릴 수는 없을까?"

"시간은 늘릴 수 없지만... 중요한 일부터 하면 될 것 같은데?"

"와, 정말 좋은 생각이다. 그럼 아빠도 중요한 일부터 해볼까?"

그 대화를 통해 나는 깨달았다. 아이에게서 배우고 있다는 것을. 질문은 가르치는 도구가 아니라 함께 배우는 도구였다. 질문은 수직적 관계(가르치는 자 vs 배우는 자)를 수평적 관계(함께 탐험하는 동료)로 바꿔주었다.

질문이 만든 새로운 일상

몇 달이 지나자, 우리 집의 일상이 완전히 바뀌었다.

(저녁 식탁에서) "오늘 어땠어?" 대신 "오늘 하루 중에서 네가 가장 자랑스러웠던 순간은 언제야?"

(숙제를 할 때) "이렇게 하는 거야" 대신 "이 문제를 보면 어떤 생

각이 들어?"

(갈등이 생겼을 때) "그러면 안 돼" 대신 "지금 네 마음이 어떤 것 같아?"

(잠자리에서) "잘 자" 대신 "내일은 어떤 하루가 될 것 같아?"

예전엔 한두 마디로 끝나던 대화가, 이제는 30분, 1시간씩 이어졌다. 아이의 입에서는 생각, 감정, 고민, 꿈이 자연스럽게 흘러나오기 시작했다.

더 놀라운 건, 사고의 구조가 바뀌기 시작했다는 것이다. 문제를 보면 "어떻게 하지?"가 아니라 "어떻게 해볼 수 있을까?"를 생각하고, 실수를 했을 때 "혼나겠지"가 아니라 "왜 이렇게 됐을까?"를 고민했다.

질문은 아이의 사고를 외부에서 내부로, 타인 중심에서 자기 중심으로 이동시켰다. 이제 아이는 스스로 질문을 만들고, 스스로 답을 찾아가는 존재가 되었다. 그 결과, 내재적 동기가 생겨났다. 누가 시켜서 하는 공부가 아니라, 스스로 알고 싶고, 스스로 성장하고 싶은 마음이 자라난 것이다.

많은 부모들이 말한다.

"우리 아이는 동기가 없어요. 꿈이 없대요."

하지만 정말 동기가 없는 걸까? 사실은 '질문하고 답하는 힘', 즉 생각하는 힘이 준비되어 있지 않았던 것이다. 아이의 머릿속에 좋은 질문이 자리를 잡기 시작할 때, 비로소 동기와 꿈은 자라난다. 그리고 그 시작은 언제나, 부모의 질문 한마디에서 비롯된다.

질문하는 아빠가 되기까지

이 모든 변화가, 처음부터 쉬운 건 아니었다. 아이에게 질문을 던지면서도 마음 한구석엔 늘 충동이 일었다. "그냥 내가 알려줄까?"

아이의 헷갈리는 표정, 머뭇거리는 입술을 보면 답답해졌다. 질문해도 "몰라"라고만 대답하거나, 아예 외면할 때도 있었다. 그럴 때면, '이게 맞는 걸까?' 스스로 흔들렸다.

하지만 포기하지 않았다. 내가 던진 질문이 아이의 마음 속 어딘가에 남아 있을 거라고 믿었다. 그리고 질문은 즉석에서 답을 얻기 위한 것이 아니라, 아이의 뇌에 '생각의 씨앗'을 심는 일이라는 것을 알게 되었다.

답은 당장 오지 않아도 괜찮다.

그 씨앗은 천천히 자라고 있었고,

어느 날 아이는 자기만의 답을 꺼내 보여주었다.

그 답은 내가 대신 해준 정답보다 훨씬 단단했고, 살아 있었다.

왜냐하면, 아이 스스로 만들어낸 것이었으니까.

질문이 만든 기적

며칠 전, 아이가 나에게 물었다.

"아빠, 나는 왜 질문을 많이 하는 것 같아?"

나는 웃으며 되물었다.

"너는 왜 그런 것 같아?"

"음... 그냥 궁금한 게 많아서? 그리고 질문하면 더 재미있어져서!"

"어떻게 더 재미있어져?"

"질문하면 아빠도 같이 생각하잖아. 그러면 혼자일 때보다 더 많이 알게 돼."

그 순간, 나는 다시 한 번 깨달았다. 질문은 아이를 혼자 두지 않는다. 질문은 이렇게 말하고 있었다

"네 생각이 중요해."
"나는 너의 이야기를 듣고 싶어."
"우리 함께 탐험하자."

질문은 단순한 교육 도구가 아니었다.
질문은 관계를 만드는 언어였고,
신뢰를 심고, 사랑을 표현하는 방식이었다.

AI가 모든 답을 줄 수 있는 시대, 질문은 더 소중해졌다.
GPT는 '답'을 준다. 하지만 부모는 '의미'를 묻는다.
GPT는 '정보'를 알려준다. 하지만 부모는 '성장'을 함께한다.
GPT는 모르는 게 없다. 하지만 부모는 함께 모르는 법을 배운다.
그리고 그 '모름'의 순간에서 아이와 나, 함께 어른이 된다.

★ 부모를 위한 연습장 ★

♡ ZPD 찾기 연습

아이가 "혼자는 어렵지만 도움받으면 할 수 있는" 일을 하나 찾아보세요.

자전거 타기, 요리 돕기, 책 읽기, 퍼즐 맞추기 등

그 과정에서 질문으로 도와주세요

"다음에 뭘 해야 할까?", "어떤 기분이야?"

♡ 메타인지 자극하기 : 아래처럼 질문해 보세요

"이 문제를 풀 때 네 머릿속에서 어떤 일이 일어났어?"

"왜 그렇게 생각했어?"

"다른 방법으로도 할 수 있을까?"

"이번에 배운 걸 다른 곳에서도 쓸 수 있을까?"

♡ 닫힌 질문 → 열린 질문 바꾸기

닫힌 질문(Before)	열린 질문(After)
재밌었어?	어떤 부분이 가장 흥미로웠어?
어려웠어?	어떤 점이 도전적이었어?
친구들과 잘 지냈어?	친구들과 어떤 이야기를 나눴어?

♡ 일주일 질문 챌린지

월요일: "오늘 가장 자랑스러웠던 순간은?"

화요일: "만약 네가 선생님이라면 어떻게 가르칠래?"

수요일: "이 문제를 친구에게 설명한다면 어떻게 할래?"

목요일: "내일은 오늘과 어떻게 다르게 해볼래?"

금요일: "이번 주에 가장 많이 성장한 부분은?"

주 말: "다음 주에는 어떤 새로운 시도를 해볼까?"

♡ 질문 일기 쓰기

오늘 아이에게 던진 가장 좋은 질문

아이의 반응과 대답

내가 느낀 변화

내일 시도해볼 새로운 질문

11

문해력 2.0 시대:
AI가 요약하는 세상에서
아이들이 길러야 할 진짜 읽기 능력

일곱 살 철학자의 등장

"GPT야, 이 책 줄거리 알려줘."

일곱 살 둘째가 방금 다 읽은 동화책을 손에 쥔 채, 스마트폰을 향해 또렷이 물었다. 아이는 채팅으로 타이핑하는 것보다 음성으로 대화하는 걸 훨씬 좋아한다. 요즘 뭘 물어보든 GPT에게 먼저 묻는 습관이 생겼다. 구구단도, 공룡 이름도, 심지어 "오늘 뭐 입을까?"

까지도.

몇 초 뒤, 화면 속 AI가 마치 완벽한 독서감상문을 읽어주듯 또박또박 답했다.

"한 소년이 숲에서 길을 잃고, 동물 친구들의 도움으로 다시 집을 찾는 이야기입니다. 주제는 우정과 용기이며, 결말은 해피엔딩입니다. 교훈은 서로 도우면 어려움을 극복할 수 있다는 것입니다."

나는 속으로 감탄했다. 정말 완벽했다. 초등학교 독서 감상문 대회에서 상을 받을 만한 수준이었다. 주제, 교훈, 결말까지 빠짐없이 정리되어 있었다. 하지만 아이는 뭔가 석연치 않다는 표정을 지으며 조용히 책을 내려놓았다.

"아니야. 그게 아니야."

그리고 한참 뒤에, 마치 혼잣말하듯 조용히 말했다.

"그 사슴이 마지막에 '내가 널 먼저 떠날게'라고 말할 때... 너무 슬퍼서 울뻔했단 말이야. 왜 친구들은 다 떠나야 하는 거야? 왜 혼자 남겨지는 거야?"

AI는 '우정과 용기'라는 주제로 이야기를 정리했지만, 아이는 '이별과 상실'에 주목했다. 같은 텍스트를 읽고도 AI와 인간이 완전히 다른 방식으로 접근한 것이다.

AI의 독서법: 패턴은 완벽하지만 의미는 없다

AI가 텍스트를 처리하는 방식을 이해하는 것은 AI 시대 문해력의 핵심을 파악하는 첫걸음이다. 현재의 대형 언어모델들은 수십억 개의 텍스트에서 추출한 통계적 패턴을 기반으로 작동한다. 이들은 "이런 단어 조합 다음에는 통계적으로 이런 단어가 나올 가능성이 높다"는 확률 계산을 통해 텍스트를 생성하고 요약한다.

앞서 살펴본 '확률적 앵무새'의 특성이 바로 여기서 드러난다. 겉보기에는 언어를 이해하는 것처럼 보이지만, 실제로는 패턴의 반복과 조합일 뿐이라는 의미다.

결과적으로 AI는 문장을 요약하는 능력에서는 인간을 압도한다. 보고서를 한 줄로 줄이고, 수많은 문서에서 유사한 주제를 묶어낼 수 있다. 하지만 그 '요약'에는 정서가 없다. 뉘앙스가 없다. 말의 어조나 상황의 맥락, 말하지 않은 것에 담긴 함의는 AI의 계산 대상이 아니다.

예를 들어, "요즘 애들은 참..."이라는 문장을 AI는 '세대에 대한 일반적 언급'으로 분류할 것이다. 하지만 우리는 안다. 이 말이 할머니의 웃음과 함께 나올 때와, 교사의 한숨과 함께 나올 때는 완전히 다른 뜻이라는 걸. 어투와 표정, 말하는 사람과 말하는 맥락, 그 모든 것이 뜻을 바꾼다. AI는 'what'은 읽을 수 있지만, 'why'와 'how'는 읽지 못한다.

핀란드의 발견: 아이들도 AI의 한계를 본다

핀란드 동부대학교(University of Eastern Finland)가 200명 이상의 초등학교 4학년부터 중학교 1학년 학생들을 대상으로 실시한 연구는 흥미로운 사실을 보여준다.* 아이들에게 AI의 기초를 가르치고 직접 AI 앱을 만들어보게 한 결과, 아이들의 AI 이해도와 비판적 사고력이 모두 향상되었다는 것이다.*

특히 주목할 점은 아이들이 AI가 생성한 이미지의 문제점을 스스로 찾아내고, 이에 대해 비판적으로 토론했다는 것이다. 연구를 주도한 헨리카 바르티아이넨(Henriikka Vartiainen)박사는 "워크숍을 통해 아이들의 인공지능에 대한 개념적 이해와 윤리적 측면에

---

* Vartiainen, H. 외, 〈생성형 AI를 활용한 알고리즘 편향 인식 교육〉, New Media & Society, 핀란드 동부대학교, 2024.

대한 인식이 크게 향상되었다"고 보고했다.

이 연구가 시사하는 바는 크다. 아이들은 AI와 함께 살아가면서도, 동시에 AI의 한계를 인식하고 비판적으로 사고할 수 있다는 것이다. 문제는 이런 능력을 어떻게 체계적으로 길러주느냐는 것이다.

가정환경이 만드는 비판적 독자

문해력 2.0의 기초는 가정에서 만들어진다. 파카리(Paakkari) 등의 연구진이 32명의 교육 전문가들에게 여러 차례 설문을 실시해 가정에서 아이의 비판적 읽기 능력에 영향을 미치는 구체적 요소들을 밝혀냈다.[*] 연구 결과, 비판적 읽기 능력을 지원하는 13개 요소와 방해하는 9개 요소가 확인되었으며, 가장 중요한 지원 요소들은 다음과 같다.

• **아이가 목소리를 낼 수 있는 공간**: 가족 구성원들이 아이의 의견을 진지하게 듣고 반응하는 환경

---

[*] Paakkari, L., Ruotsalainen, J., Lahti, H. 외, 〈가정 환경이 아동의 비판적 읽기 능력에 미치는 영향〉, Humanities and Social Sciences Communications, vol. 11, 2024.

- **다양한 관점을 허용하는 토론 문화**: 가족 내에서 서로 다른 의견을 자유롭게 표현할 수 있는 분위기

- **부모의 비판적 읽기 역량**: 부모 자신이 텍스트를 비판적으로 읽고 질문하는 모습을 보여주는 것

- **학습에 대한 긍정적 태도**: 배움과 독서에 대한 부모의 긍정적 인식이 아이에게 전달되는 것

반대로 비판적 읽기를 방해하는 요소들로는 권위주의적 소통 방식, 일방적 정보 전달, 아이의 질문을 무시하는 태도 등이 꼽혔다. 이 연구는 문해력 2.0이 단순히 학교 교육만으로는 달성될 수 없으며, 가정에서의 일상적 상호작용이 핵심이라는 점을 보여준다.

질문 생성: 인간만의 고유 영역

질문을 만드는 능력이야말로 AI시대 문해력의 핵심이다. 미국 국가 독서위원회(National Reading Panel)가 발표한 연구에 따르면, 질문 생성 훈련은 학생들의 기억력, 정보 통합 능력, 주제 파악 능력, 그리고 전반적 독서 이해력을 현저히 향상시킨다.[*]

---

[*] National Reading Panel 보고서: 과학적 근거 기반의 아동 독서 지도법, 미국 국립 아동건강발달연구소, 2000.

로젠샤인(Rosenshine) 등의 연구진이 수행한 연구검토에서는 질문 생성이 단순한 기법이 아니라 사고력 자체를 바꾸는 강력한 도구임을 입증했다.** 특히 텍스트를 읽으면서 스스로 질문을 만드는 학생들은 수동적으로 질문에 답하기만 하는 학생들보다 깊이 있는 이해를 보였다.

하지만 여기서 중요한 것은 질문의 '수준'이다. 모든 질문이 동일한 사고력을 요구하는 것은 아니기 때문이다. 읽기 이해력 연구에서는 일반적으로 질문을 다음과 같은 4단계로 구분한다.

• 1단계: 사실 확인 질문 : "주인공의 이름은?", "언제 일어난 일인가?" 이는 텍스트에 명시된 정보를 찾는 기본적 이해 수준이다.

• 2단계: 추론적 질문 : "왜 주인공은 그런 선택을 했을까?" 텍스트의 정보를 바탕으로 숨겨진 의미나 동기를 파악하는 단계다.

• 3단계: 평가적 질문 : "주인공의 행동이 옳다고 생각하는가?" 개인의 가치관과 판단력을 동원해 텍스트를 비판적으로 검토하는 수준이다.

** Rosenshine, B. 외, 〈질문 생성 전략 교육에 대한 연구 검토〉, Review of Educational Research, 66(2), 1996.

• 4단계: 창의적 질문 : "다른 결말이 가능했을까?" 기존 텍스트를 넘어서 새로운 가능성을 상상하고 창조하는 최고 단계다.

문해력 2.0은 바로 이 4단계를 자연스럽게 오가며 텍스트와 대화하는 능력이다.

세계는 이미 움직이고 있다

AI시대 문해력에 대한 관심은 전 세계적이다. 핀란드의 헬싱키대학교는 2018년부터 온라인 무료 과정인 'Elements of AI'를 개발해 전 세계에 제공하고 있으며, 현재까지 170개국에서 100만 명 이상이 참여했다.* 이 과정은 EU의 모든 공식 언어로 번역되어 제공되며, 목표는 "AI를 신비화하지 않고 모든 사람이 이해할 수 있게 만드는 것"이다.

각국의 대응도 다양하다. 에스토니아는 2025년부터 'AI Leap' 프로그램을 통해 수만 명의 학생과 교사에게 AI 도구를 제공할 예정이며, 일본은 2023년 초중고등학교에서 생성형 AI의 제한적 사용을 허용하는 가이드라인을 발표하고 2025년까지 5만 명의 교사를

---

*〈핀란드, 전 세계에 AI 교육 확산 추진〉, Nordic Labour Journal, 2024.

대상으로 'AI 교육 가속화 프로그램'을 추진하고 있다. 많은 나라에서 초중등 교육과정에 AI 교육을 도입하고 있지만, 이런 정책들의 핵심은 단순히 AI 기술을 가르치는 것이 아니라, AI와 함께 살아갈 세대에게 필요한 비판적 사고력을 기르는 것이다.

미국에서도 변화가 시작되었다. 도널드 트럼프 대통령은 2025년 4월 "미국 청년을 위한 인공지능 교육 진흥"이라는 행정명령에 서명하여 "AI 문해력과 숙련도를 미국인들에게 증진시키는 것이 미국의 정책"이라고 선언했다.

우리나라도 예외는 아니다. 교육부는 2025년부터 수학, 영어, 정보 교과에 AI 디지털교과서를 도입하기로 했다. 당초 국어와 기술·가정 교과도 포함될 예정이었으나 현장의 의견을 반영해 제외되었고, 사회와 과학 교과는 2027년으로 연기되었다. 학부모들의 우려와 교사들의 준비 부족 지적 등으로 당초 계획보다 축소 조정된 것이다. 서울시교육청은 2024년 'AI·디지털리터러시지원단'을 구성하고, 'AI 시대, 인간다움을 키우는 문해력 교육'을 주제로 한 컨퍼런스를 개최했다. 하지만 아직은 초기 단계로, 대부분의 학교에서는 여전히 전통적 문해력 교육에 머물러 있다.

문해력 2.0의 핵심 역량들

이런 글로벌 트렌드와 연구 결과들을 종합해보면, AI시대에 필요한 새로운 문해력의 핵심 역량들이 드러난다. 이를 통해 기존 문해력과는 차별화되는 새로운 개념을 정의할 수 있다.

이 책에서 말하는 '문해력 2.0'은 AI와 공존하는 디지털 시대에 필요한 새로운 읽기 능력을 의미한다. 기존 문해력이 정확하고 빠른 정보 이해에 중점을 뒀다면, 문해력 2.0은 AI가 생성한 콘텐츠와 인간이 만든 텍스트를 구별하고, 온라인상의 정보를 비판적으로 평가하며, 텍스트에 숨은 의미를 발견하고 자신만의 해석을 창조하는 종합적 역량이다. 디지털 리터러시의 기술적 활용 능력에 인간 고유의 사고력과 질문 생성 능력을 더한 개념이라 할 수 있다.

그렇다면 문해력 2.0의 구체적인 구성 요소는 무엇일까? 연구자들마다 구체적 분류는 다르지만, 공통적으로 강조되는 영역들이 있다

비판적 읽기 Critical Reading: 텍스트를 무조건 믿지 않고 질문하며 읽는 능력이다. "누가 이 글을 썼는가?", "왜 이런 방식으로 표현했는가?", "이 말이 정말 맞을까?"를 자연스럽게 묻는 사고 습관을 의미한다. 특히 AI가 만든 글에는 가끔 틀린 정보나 한쪽으로

치우친 내용이 섞여 있을 수 있어서 더욱 중요하다.

맥락적 이해 Contextual Understanding: 동일한 문장도 시대적, 사회적, 문화적 맥락에 따라 다른 의미를 갖는다는 것을 인식하는 능력이다. 예를 들어 "학부모가 학교에 간다"는 표현은 1990년대에는 주로 참관수업을 의미했지만, 요즘에는 학교폭력이나 교권침해 문제와 연관될 가능성이 높다. 이처럼 언어의 사회적 맥락을 읽어내는 것은 AI가 아직 따라올 수 없는 인간 고유의 영역이다.

질문 생성 능력 Question Generation: 텍스트에서 새로운 질문을 도출하는 능력이다. AI는 기존 정보를 재조합할 수 있지만, 진정으로 창의적이고 통찰력 있는 질문은 인간의 경험과 상상력에서 나온다. "왜 친구들은 다 떠나야 하는 거야?"라는 일곱 살 아이의 질문이 바로 그 예다.

가정에서의 문해력 2.0 실천법

문해력 2.0은 거창한 프로그램이 아니다. 집에서 아이와 함께 할 수 있는 작은 습관들로도 충분히 시작할 수 있다. 앞서 살펴본 연구 결과들을 바탕으로 실제로 적용 가능한 방법들을 소개한다.

방법 1. 'AI vs 우리가족' 독서 비교

매주 한 번, 가족이 함께 읽을 짧은 텍스트를 정한다. 신문 기사, 동화, 심지어 과자 봉지의 성분표도 좋다.

- 1단계: 함께 읽는다
- 2단계: AI에게 요약을 요청한다
- 3단계: 가족 각자 "이 글에서 가장 중요한 한 문장"을 고른다
- 4단계: 왜 그 문장을 골랐는지 이유를 나눈다
- 5단계: AI 요약과 우리 해석을 비교하며 토론한다

이 과정에서 중요한 것은 정답을 찾는 것이 아니라 다양한 관점을 인정하는 것이다. "아빠는 이 부분에서 슬픔을 느꼈는데, 너는 어떤 감정이 들었니?"와 같은 열린 질문으로 대화를 이끈다.

방법 2. 질문의 단계를 높여가는 독서법

아이가 질문하는 수준을 단계별로 높여가는 방법으로 교육학자 벤자민 블룸(Benjamin Bloom)이 제시한 사고 단계를 활용하면 더 체계적으로 접근할 수 있다.*

---

* 벤자민 S. 블룸 편, 『교육목표분류학: 교육목표의 분류, 핸드북 I: 인지영역』 (Taxonomy of Educational Objectives: The Classification of Educational Goals, Handbook I: Cognitive Domain), David McKay Company, 1956.

- 1단계 기억하기:

  "누가, 언제, 어디서, 무엇을?"

  "주인공의 이름은 뭐야?"

  "이야기는 언제 일어났어?"

- 2단계 이해하기:

  "왜, 어떻게?"

  "주인공은 왜 그런 선택을 했을까?"

  "이 상황이 일어난 이유는 뭘까?"

- 3단계 적용하기:

  "만약에..."

  "만약 내가 주인공이라면 어떻게 했을까?"

  "이 상황이 우리 학교에서 일어난다면?"

- 4단계 분석하기:

  "비교해보면..."

  "이 캐릭터와 저 캐릭터의 차이점은?"

  "작가의 숨은 의도는 무엇일까?"

- 5단계 평가하기:

  "옳고 그름을 판단하면..."

"주인공의 행동이 옳았을까?"

"이 해결책이 최선이었을까?"

6단계 창조하기:

"새로운 것을 만든다면..."

"다른 결말을 써본다면?"

"후속 이야기를 만든다면?"

처음에는 대부분 기억 단계 질문만 하던 아이들이, 몇 달 후에는 창조 단계까지 도달하게 된다.

방법 3. 우리 가족 서평 노트

한 달에 한 번, 가족이 읽은 책들을 정리해보자.

- AI 요약 3줄
- 우리 가족 느낌 3줄
- 가장 궁금한 질문 3개

몇 달 후에 이 기록을 다시 보면, 우리 가족만의 독서 패턴을 발견할 수 있다. "아, 우리는 모험 이야기에서 항상 '용기'보다는 '두려움'에 주목하는구나", "우리는 해피엔딩보다 열린 결말을 좋아하는구나" 같은 식으로.

연구로 확인된 문해력 2.0의 효과

인도에서 360명의 중학생을 대상으로 한 연구에서 흥미로운 사실이 밝혀졌다.* 아이들의 읽기 실력을 높이는 데 가장 중요한 요소가 무엇인지 조사한 결과, 단어를 많이 아는 것이나 문법을 잘 아는 것보다도 비판적으로 생각하는 능력이 훨씬 더 중요했다는 것이다. 즉, 글을 읽을 때 "이게 정말 맞나?", "왜 이런 일이 일어났을까?" 같은 질문을 스스로 던지며 생각하는 아이들이 읽기를 더 잘한다는 뜻이다. 이는 문해력 2.0이 단순히 글자를 빨리 읽거나 어려운 단어를 많이 아는 것과는 다른 차원의 능력임을 보여준다. 진짜 문해력은 머리로 생각하고 판단하는 힘이라는 것이다.*

학교 교육의 변화 조짐

가정에서의 변화와 함께 학교 교육도 서서히 문해력 2.0으로 전환하고 있다. 일부 혁신적인 교사들은 이미 새로운 시도를 하고 있다. 예를 들어, 전통적으로 "책을 읽고 줄거리를 쓰시오"였던 독서 과제가 "책을 읽고 작가에게 하고 싶은 질문 5개를 써 오시오"로

* Paige, D., Rupley, W.H., Ziglari, L., 〈읽기 이해에서 비판적 사고력의 역할: 단순 읽기 모델의 정교화〉, Education Sciences, MDPI, vol. 14(3), 2024.

바뀌고 있다. 이런 과제를 받은 학생들은 처음에는 "주인공 이름이 뭐예요?" 같은 단순한 질문만 하지만, 점차 "작가님은 왜 이런 결말을 선택하셨나요?", "이 인물을 통해 전달하고 싶은 메시지가 있나요?" 같은 깊이 있는 질문을 하게 된다.

또한 일부 학교에서는 'AI 디베이트' 수업을 도입하고 있다. 학생들이 어떤 주제에 대해 찬반 토론을 할 때, ChatGPT를 상대방으로 설정해서 논쟁을 벌이는 것이다. 이 과정에서 학생들은 AI의 논리를 분석하고 반박하면서 자연스럽게 비판적 사고력을 기른다.

실패하지 않는 문해력 2.0 실천법

문해력 2.0을 가정에서 실천할 때 주의해야 할 점들을 정리해보자.

피해야 할 접근
- 아이 답에 "그건 틀렸어"라고 즉시 판정하기
- "정답"을 미리 정해놓고 유도신문하기
- AI와 경쟁시키려고 하기
- 성과를 빨리 보려고 조급해하기

권장하는 접근

- 아이 답에 "와, 그런 생각을 했구나"라고 반응하기
- 함께 답을 찾아가는 동반자가 되기
- AI와 협력하되 AI를 넘어서는 경험 제공하기
- 긴 호흡으로 꾸준히 실천하기

특히 중요한 것은 부모 자신이 먼저 질문하는 모습을 보여주는 것이다. 뉴스를 보면서 "이 기자는 왜 이런 관점에서 썼을까?", 영화를 보면서 "만약 내가 감독이라면 어떻게 끝냈을까?"를 자연스럽게 중얼거리는 부모를 보고 자란 아이는 자연스럽게 질문하는 습관을 갖게 된다.

결론: 의미 창조자로서의 독자

AI가 모든 텍스트를 완벽하게 요약할 수 있는 시대에, 인간의 읽기는 정보 수집에서 의미 창조로 그 중심이 이동하고 있다. 이 책에서 말하는 '문해력 2.0'은 이러한 변화에 대응하는 새로운 교육 패러다임이다. 기존의 디지털문해력이 디지털 도구를 활용한 읽기, 쓰기에 중점을 두었다면, 문해력2.0은 AI와 공존하며 인간 고유의 사고력을 발휘하는 능력에 초점을 맞춘다.

"왜 친구들은 다 떠나야 하는 거야?"라는 일곱 살 아이의 질문에는

AI가 포착할 수 없는 것들이 담겨 있다. 개인적 경험에서 우러나온 호기심, 실존에 대한 근본적 물음, 그리고 텍스트를 통해 자신의 삶을 성찰하려는 인간적 욕구. 이것이 바로 문해력 2.0이 추구하는 '생각하는 힘'의 본질이다.

우리는 더 이상 텍스트를 수동적으로 받아들이는 독자가 아니라, 텍스트와 능동적으로 대화하며 새로운 의미를 창조하는 의미 창조자가 되어야 한다. 그것이 AI 시대를 살아갈 우리 아이들에게 가장 필요한 능력이자, 인간으로서의 존재 가치를 지켜나가는 길이다.

세상은 빠르게 변하고 있다. AI는 더욱 똑똑해지고, 정보는 더욱 넘쳐날 것이다. 하지만 한 가지는 변하지 않을 것이다. 의미를 만들어내는 것은 여전히 인간만이 할 수 있는 일이라는 것이다.

우리 아이가 정보의 바다에서 길을 잃지 않게 하려면, 지금부터 문해력 2.0을 시작해야 한다. 함께 책을 읽고, 함께 질문하고, 함께 의미를 만들어가는 것. 그것이 바로 AI 시대 부모의 가장 중요한 역할이다.

★ 부모를 위한 연습장 ★

♡ 하루 한 번

아이가 읽은 글에서 가장 인상 깊은 문장 물어보기

"왜 그 문장이 기억에 남았을까?"까지 묻기

♡ 일주일에 한 번

GPT에게 아이가 좋아하는 책을 요약시켜 보기

"GPT가 놓친 건 뭐였을까?"를 함께 이야기하기

♡ 한달에 한 번

가족이 함께 한 권의 책 읽고 질문 만들기

작가, 주인공, 나 자신에게 묻고 싶은 질문 각각 1개씩

♡ 기억하세요

문해력 2.0은 하루아침에 만들어지지 않습니다.

하지만 매일 조금씩 실천하다 보면,

우리 아이는 AI 시대에도 흔들리지 않는

'생각하는 힘'을 갖게 될 것입니다.

12

우리집 GPT 활용법:
놀이가 공부가 되는 순간들

GPT야, 우리 놀자!

"아빠, 심심해요."

토요일 오후, 숙제도 다 끝내고 할 일이 없어진 우리 아이가 찾아
왔다. 평소 같으면 "책 읽어", "그림 그려" 같은 뻔한 대답을 했겠
지만, 문득 떠오른 생각이 있었다.

"GPT랑 놀아볼까?"

아이의 눈이 기대감에 반짝였다.

"GPT야, 지금부터 우리가 릴레이 소설을 쓸 거야. 내가 첫 문장을 쓸게. 그러면 우리 아이가 다음 문장을 쓰고, 그 다음은 GPT 차례야. 재미있고 웃긴 이야기로 만들어줘."

[아빠] "어느 날 아침, 우리 집 강아지가 갑자기 두 발로 서서 넥타이를 매기 시작했다."
[아이] "그리고 현관문을 열고 나가서는 '출근합니다!'라고 말했어요."
[GPT] "회사에 도착한 강아지 직장인은 동료들에게 깜짝 놀라움을 안겨주었는데, 알고 보니 그곳은 동물들만 다니는 비밀 회사였습니다."

30분 후, 우리는 강아지가 동물 회사의 CEO가 되어 고양이 비서와 함께 '인간 놀아주기 사업'을 시작한다는 엉뚱한 이야기를 완성했다. 아이는 깔깔거리며 "GPT는 정말 상상력이 풍부하네!"라고 감탄했다.

역시 예상대로였다. GPT가 단순한 학습 도구를 넘어 가족과 함께 하는 훌륭한 놀이 파트너 역할을 톡톡히 해내고 있었다.

게임화 학습이 아이들에게 미치는 효과

교육 분야에서 '게임화(Gamification)'는 이미 검증된 학습 전략이다. 게임 요소를 학습 경험에 통합하면 재미와 도전, 보상의 요소가 결합 되어 학습을 더욱 흥미롭게 만든다.*

AI를 활용한 창의적 활동이 아이들에게 미치는 영향도 주목할 만하다. AI 기반 스토리텔링 활동은 아이의 쓰기 기술을 향상시키고 상상력 있는 사고를 격려한다. 더 중요한 것은 이런 활동이 창작 과정에서 아이디어가 고갈되거나 글쓰기가 막히는 '작가의 블록(Writer's Block)'을 극복하고 다양한 아이디어를 탐험하도록 돕는다는 점이다.

가족 단위 AI 활용의 특별한 효과도 있다. GPT의 답변을 두고 가족이 토론하고, 서로 다른 의견을 나누며, 정보의 정확성을 함께 검증하는 과정에서 아이의 비판적 사고 능력이 향상된다. 아이가 목소리를 낼 수 있는 공간이 있고 가족 토론에 참여할 수 있는 환

---

* Dicheva, D. 외, 〈교육에서의 게임화: 체계적 매핑 연구〉(Gamification in Education: A Systematic Mapping Study), Educational Technology & Society, vol. 18(3), 2015, pp. 75-88 연구에 따르면 게임화된 학습 환경이 학습자의 동기 부여, 참여도, 학습 성과를 유의미하게 향상시키는 것으로 나타났다.

경은 비판적 읽기 능력 발달에 핵심적이기 때문이다.

가족과 함께하는 창의적 스토리텔링

릴레이 소설 쓰기: 가장 쉽고 재미있는 시작

특별한 준비는 필요 없다. 그냥 가족이 모여 앉아 GPT에게 다음과 같이 이야기하면 된다.

"GPT야, 우리 가족이 돌아가면서 이야기를 만들 건데, 네 차례에는 재미있고 예상 못한 내용으로 이어 써줘. 초등학생도 이해할 수 있게 써줘."

실제 놀이 과정

1. 부모가 첫 문장 시작
2. 아이가 다음 문장 추가
3. GPT가 이어서 작성
4. 다시 부모나 아이 차례
5. 재미있는 결말이 나올 때까지 반복

팁: 너무 완벽한 이야기를 만들려고 하지 말고, 웃기고 엉뚱한 전개를 즐기자. GPT의 예상치 못한 반전이 오히려 더 큰 재미를 준

다.

동화 다시 쓰기: 고정관념 깨뜨리기

기본 아이디어 : 우리가 아는 동화의 설정을 바꿔보자.

쉬운 예시들:

- "신데렐라가 유리구두 대신 운동화를 신었다면?"
- "백설공주가 일곱 난쟁이 대신 일곱 거인을 만났다면?"
- "헨젤과 그레텔이 과자집 대신 채소집을 발견했다면?"

GPT에게 이렇게 말해보자.

"GPT야, 신데렐라 이야기를 바꿔서 써줘. 이번에는 신데렐라가 축구를 좋아하는 소녀이고, 유리구두 대신 마법의 축구화를 신어. 어떤 이야기가 될까?"

이런 활동을 통해 아이들은 기존의 가정들을 질문하고, 대안적 시나리오를 탐구하며, 틀에 얽매이지 않는 사고 능력을 기를 수 있다.

재미있는 퀴즈로 지식 쌓기

퀴즈는 아이들이 가장 좋아하는 놀이 중 하나다. GPT를 활용하면 아이의 관심사에 맞는 맞춤형 퀴즈를 쉽게 만들 수 있다.

"GPT야, 공룡에 대한 퀴즈를 10개 만들어줘. 초등학교 3학년 수준으로, 쉬운 것부터 어려운 것까지 섞어서. 정답과 함께 재미있는 설명도 해줘."

놀이 방법:

1. 가족이 팀을 나누거나 개인별로 참여
2. GPT가 문제 출제
3. 정답 맞히기
4. GPT가 추가 설명으로 호기심 자극

좋은 점은 단순히 정답을 맞히는 것을 넘어서, GPT의 설명을 통해 관련 지식까지 자연스럽게 학습하게 된다는 것이다.

역사 인물과 가상 인터뷰

역사 공부가 지루하다면, GPT를 역사 인물로 변신시켜 직접 대화해보자. 책속의 인물을 직접 불러내 인터뷰할 수 있다.

"GPT야, 지금부터 너는 세종대왕이야. 당시 시대 상황을 반영해서 대답하되, 중학생이 이해할 수 있게 친근하게 말해줘."

대화 예시:

[아이] "왜 한글을 만드셨나요?"

[GPT(세종대왕)] "백성들이 어려운 한자 때문에 자신의 마음을 제

대로 표현하지 못하는 걸 보고 안타까웠단다. 그래서 모두가 쉽게 배울 수 있는 글자를 만들어야겠다고 마음먹었지."

이런 방식으로 아이들은 역사 인물의 입장에서 생각해보고, 당시 상황을 이해하며, 더 깊이 있는 질문을 만드는 능력을 기를 수 있다.

실생활에서 함께하기

가족 여행 계획 세우기

아이들에게 계획 수립 능력을 기르는 가장 재미있는 방법은 여행 계획을 함께 세우는 것이다.

"GPT야, 우리 가족 당일치기 여행 계획을 세워줘. 예산은 10만원 이고 출발은 경기도 수원이고 엄마, 아빠, 나 3명이 대중교통을 타고 갈거야."
이어서 GPT가 제안한 계획을 아이와 함께 살펴보며 수정해 나가는 과정을 함께하면 된다.

"어떤 코스가 가장 재미있을 것 같아?"
"예산이 맞는지 같이 계산해볼까?"

"교통편은 가능한 건가?"

최종 선택 후 "왜 이 계획을 선택했는지" 이유 말해보기

단순히 질문하고 답을 받는 게 아니라, 여러 선택지를 비교 분석하고 현실적 제약을 고려하며 합리적 의사결정을 내리는 과정을 경험할 수 있다. 여행을 계획하는 단계부터 실제 실행까지의 모든 과정에서 아이는 예산 관리, 시간 배분, 우선순위 설정 등을 자연스럽게 학습한다.

특히 AI가 가족 토론에 참여하면 교육적 효과가 더욱 커진다. 엄마 아빠끼리만 하는 토론에서는 아이가 단순히 듣기만 하는 경우가 많지만, AI가 함께하면 아이도 진짜 토론의 참여자가 될 수 있다. AI는 아이의 의견도 진지하게 받아들이고 발전시켜주며, 이를 통해 아이는 자신의 목소리가 중요하다는 것을 경험하게 된다.

우리집 '냉장고를 부탁해'

엄마의 영원한 고민 "오늘 저녁 뭐 해 먹지?"를 가족의 토론으로 가져와보자.

"GPT야, 지금 냉장고에 김치, 계란, 두부, 대파, 햄이 있어. 이걸로 만들 수 있는 요리 3가지 추천해줘. 만드는 방법도 간단히 알려줘."

GPT 제안을 보고

"이 중에서 어떤 게 가장 맛있을 것 같아?"

"우리 집에 있는 다른 재료도 추가하면 어떨까?"

"요리 시간은 얼마나 걸릴까?"

"GPT야, 아이가 도울 수 있는 부분은 뭐가 있을까?"

이런 활동을 통해 아이들은 제한된 조건에서 창의적 해결책을 찾을 뿐만 아니라, AI의 제안을 비판적으로 검토하고 현실에 맞게 수정하는 능력을 기를 수 있다. 게다가 우리 집만의 '냉장고를 부탁해'를 찍어볼 수도 있다. 온 가족이 GPT 셰프와 함께 창의적인 요리에 도전하면서 즐거운 추억을 만들어보자.

안전하고 효과적인 사용 가이드

시간 관리와 적절한 휴식

AI와의 활동은 아이의 집중력과 피로도를 고려하여 적절히 조절하는 것이 중요하다. 아이가 흥미를 잃거나 피곤해하는 신호를 보이면 즉시 휴식을 취하도록 하자. 한 번에 너무 오래 사용하기보다는 짧은 시간 집중해서 활용한 후 충분한 휴식을 취하는 것이 효과적이다. 또한 매일 사용하기보다는 일주일에 몇 번 정도로 적절히 분산시키는 것이 바람직하다.

정보 검증 습관 기르기

GPT는 때때로 틀린 정보를 제공할 수 있다. 이를 오히려 교육 기회로 활용해보자. 아이에게는 "GPT는 정말 똑똑하지만 가끔 실수할 수 있어. 마치 똑똑한 친구가 가끔 잘못 기억하는 것처럼 말이야. 그래서 중요한 내용은 다른 자료로도 확인해보는 게 좋아" 라고 설명해주면 된다.

검증하는 방법으로는 같은 질문을 다시 해보거나, 교과서나 백과사전으로 확인하거나, 부모님께 물어보는 것이 있다. 이런 과정을 통해 아이들은 자연스럽게 비판적 사고 능력을 기를 수 있다.

창의성 보호하기

AI와 함께 활동할 때 가장 중요한 것은 아이의 독창성을 보호하는 것이다. 좋은 습관으로는 먼저 GPT에게 묻기 전에 아이의 의견을 들어보는 것이다. 그리고 GPT의 답변을 단순히 받아들이는 것이 아니라 출발점으로 삼아 아이가 더 발전시키도록 격려해야 한다. 특히 AI와 다른 아이만의 독특한 아이디어가 나올 때는 특별한 칭찬을 해주는 것이 중요하다. 이를 통해 아이는 자신의 창의성에 자신감을 갖게 된다.

마무리: 놀이의 진짜 힘

변화하는 가족, 기대되는 효과

GPT 놀이를 도입한 가족들에게서 나타나는 변화는 놀랍다. 인지적 측면에서는 호기심이 증가해서 "이것도 물어볼까요?" 같은 질문이 늘어나고, 가족 대화 시간이 주말에 눈에 띄게 늘어나며, 자발적인 그림 그리기와 글쓰기가 활발해진다.

정서적 측면에서도 큰 변화가 나타난다. 아이들은 "공부도 재미있을 수 있구나!"라고 학습에 대한 태도가 바뀌고, 함께 웃고 고민하는 시간을 통해 가족 유대감이 질적으로 향상된다. 또한 성공적인 창작 경험을 통해 자신감이 크게 향상되어 자기효능감이 증대되는 등의 효과를 기대할 수 있다.

미래를 준비하는 실용적 접근

세계경제포럼의 연구에 따르면, 향후 5년 내에 근로자가 필요로 하는 핵심 기술의 44%가 바뀔 것이라고 한다. 그 변화의 중심에는 AI가 있고, AI와 협력하면서도 인간 고유의 가치를 발휘할 수 있는 사람이 살아남을 것이다.[*]

---

[*] World Economic Forum (2023). "The Future of Jobs Report 2023." 향후 5년 동안 근로자에게 필요한 핵심 스킬 중 44%가 변화할 것으로 예상되며, 창의적 사고, 분석적 사고, 기술 문해력이 더욱 중요해질 것으로 전망된다.

GPT 놀이를 통해 아이들이 기르는 능력들은 바로 그 "AI와 협력하는 인간 고유의 가치"들이다. 창의적 사고는 AI가 제시한 아이디어를 독창적으로 발전시키는 능력이고, 비판적 판단은 AI 정보의 신뢰성을 검증하고 선별하는 능력이다. 또한 협력적 소통을 통해 AI와 인간, 인간과 인간 사이의 효과적 상호작용을 배우며, 유연한 사고로 예상치 못한 상황에 창의적으로 대응하는 적응력을 기른다.

결국 중요한 것

아무리 훌륭한 AI 도구가 있어도, 가족이 함께 보내는 시간과 서로 나누는 대화가 가장 소중한 교육이다. GPT는 그런 가족 시간을 더 풍성하고 즐겁게 만들어주는 도구일 뿐이다. 중요한 건 도구 자체가 아니라, 그 도구를 통해 가족이 함께 무엇을 경험하느냐다.

★ 부모를 위한 연습장 ★

♡ **릴레이 소설 쓰기 (20~30분)**

　목표: 가족 창의성과 유대감 증진

　방법: 한 문장씩 돌아가며 이야기 만들기

♡ **역사 인물 인터뷰** (15~25분)**

　목표: 역사에 대한 관심과 이해 증진

　방법: GPT를 역사 인물로 설정하고 질문하기

♡ **가족 퀴즈쇼** (20~30분)**

　목표: 지식 습득과 가족 놀이 시간

　방법: 아이 관심사 관련 퀴즈 만들어 풀기

♡ **여행 계획 세우기** (30~40분, 월 1회)**

　목표: 계획 수립 능력과 현실적 사고력 개발

　방법: 예산과 조건을 정해 여행 계획 함께 세우기

♡ **기억하세요**

　이 모든 것의 목적은 가족이 함께 즐거운 시간을 보내는 것입니다.

　너무 교육적 효과에 집착하지 말고, 웃음과 대화가 있는

　자연스러운 놀이 시간을 만들어보세요!

13

AI시대의 질문하는 부모

"아빠, 나 수학 시험 못 봤어."

아이가 풀이 죽어 집에 돌아왔다. 예전 같으면 "왜 못 봤는데? 공부 안 했지?"라는 말이 튀어나왔을 텐데, 얼마 전부터 연습해 온 새로운 질문 습관 덕분에 속마음을 꾹꾹 누르고 차분하게 이야기했다.

"아, 그랬구나. 네 생각에는 어떤 부분이 가장 어려웠어?"

그 순간 아이의 표정이 달라졌다. 변명을 준비하던 얼굴에서 진지하게 생각하는 얼굴로. 그리고 10분 동안 우리는 틀린 문제를 다시 풀어보는 방법에 대해 함께 고민했다. 하지만 솔직히 말하자면, 이런 변화가 쉽게 온 것은 아니었다. 그리고 지금도 때때로 나는 혼란스럽다.

그런데 지금, 내가 무언가를 설명하려 하면 아이는 스마트폰을 꺼낸다. 유튜브를 보여주고, GPT에게 묻고, 검색 결과를 찾아서 말한다. 나는 듣는 쪽이 되었다. 그리고 그 순간마다 나는 내 권위가 무너지는 소리를 들었다. 이런 생각이 드는 나 자신이 '꼰대'처럼 느껴지기도 했지만, 무엇인가 무너지고 있다는 감정은 쉽게 사라지지 않았다.

그러나 이제는 정답을 아는 아빠가 아니라, 함께 궁금해하는 아빠가 되어야 한다는 것을 너무도 잘 알기에 나는 노력 중이다.

질문하는 습관 만들기: 의지력보다는 시스템이다.

《습관의 힘》에서 찰스 두히그는 모든 습관이 '신호(Cue) → 반복행동(Routine) → 보상(Reward)'의 3단계 고리로 이루어진다고 했다.* 좋은 부모가 되겠다는 결심만으로는 부족하다. 아이와의 대에

---

* 찰스 두히그, 『습관의 힘』, 강주헌 역, 갤리온, 2012. 원서: Charles Duhigg, The Power of Habit: Why We Do What We Do in Life and Business, Random House, 2012.

서 자동으로 좋은 질문이 나오도록 하는 시스템을 습관화 해야 한다. 예를 들어보자:

- 신호: 아이가 "학교에서 이런 일이 있었어"라고 말할 때
- 기존 루틴: "그래? 그런 다음에?" 같은 형식적 반응
- 새로운 루틴: "그때 네 기분은 어땠어?" 같은 감정 탐색 질문
- 보상: 아이가 더 깊이 있는 이야기를 하며 연결감 증가

《아토믹 해비츠》의 제임스 클리어가 말한 '습관 쌓기(Habit Stacking)'도 유용하다.** 이미 하고 있는 행동에 새로운 습관을 연결하는 것이다. "아이에게 잠자리 인사를 한 후에, 오늘 가장 궁금했던 것을 물어본다"처럼 말이다.

그렇다면 구체적으로 어떻게 시작할까? 나는 7가지 질문 습관을 만들어 하나씩 실천해 봤다. 처음에는 어색했지만, 몇 주 지나니 자연스러워졌다. 그리고 놀랍게도 아이와의 대화가 완전히 달라지기 시작했다.

** 제임스 클리어, 『아토믹 해비츠』, 김태훈 역, 비즈니스북스, 2019. 원서: James Clear, Atomic Habits: An Easy & Proven Way to Build Good Habits & Break Bad Ones, Avery, 2018. 클리어가 제안한 'Habit Stacking'은 기존에 하던 습관에 새로운 습관을 연결하는 방법이다. 예를 들어 "양치질을 한 후에 영어 단어 5개를 외우겠다"처럼 이미 자동으로 하던 행동 뒤에 새로운 행동을 붙이는 것이다.

7가지 질문 습관들

1. "왜?"를 5번 더 묻기 : 토요타의 지혜를 집에서

토요타의 '5 Whys' 기법을 처음 알았을 때, 이게 집에서도 통할까 싶었다. 1930년대 토요타 창립자 도요다 사키치가 만든 이 방법은 문제의 근본 원인을 찾기 위해 "왜?"를 반복하는 것이다.

아이와 실제로 해보니 놀라웠다.

"아빠, 친구가 나랑 안 놀겠대."

"왜 안 놀겠다고 했을까?"
"내가 어제 화를 냈거든."
"왜 화를 냈던 거야?"
"친구가 내 말을 안 들어줘서."
"그때 왜 친구가 네 말을 들어줘야 한다고 생각했을까?"
"우리가... 내가 하고 싶은 놀이를 하려고 했는데..." (잠시 생각하더니) "아, 그런데 친구도 자기가 하고 싶은 놀이가 있었을 수도 있겠다."

처음 두 번의 "왜?"에서는 그냥 사실만 말했는데, 세 번째에서 아이가 잠깐 멈추더니 스스로 친구의 마음을 생각해보기 시작했다.

내가 "친구 입장도 생각해봐"라고 훈계했다면 절대 나오지 않았을 반응이다.

2. "네 생각은?" : 아이 스스로 답을 찾게 하기

처음에는 어색했다. 아이가 뭔가 말할 때마다 "네 생각은?"이라고 묻는 것이. 하지만 몇 주 지나니 아이의 말이 달라지기 시작했다.

"아빠, 우리 반에서 제일 공부 잘하는 애가 또 1등 했어."
"아, 그렇구나. 네 생각에는 그 친구가 왜 계속 1등을 할까?"
"음... 엄마가 학원을 많이 보내서?"
"그것도 있을 수 있겠네. 또 다른 이유는 뭐가 있을까?"
"그 친구가... 수업 시간에 진짜 집중해서 듣더라."
아이가 단순히 결과만 보던 것에서, 원인을 스스로 생각하기 시작했다. 그리고 놀랍게도 다른 사람의 노력을 인정하는 모습도 보였다.

3. "틀려도 괜찮아" : 심리적 안전감 만들기

하버드 경영대학원 에이미 에드먼슨 교수가 말한 '심리적 안전감'(Psychological Safety)*을 집에서 만드는 일은 생각보다 어려웠다. 아이가 틀릴까 봐 걱정할 때, 나도 모르게 "맞춰봐"라고 압박하는 말이 나왔다. 하지만 의식적으로 연습했다.

"아빠, 이 문제 답이 뭐야?"

"어떻게 생각해?"

"모르겠어... 틀릴까 봐."

"틀려도 괜찮아. 틀린 답도 우리가 뭘 더 알아야 하는지 알려주거든. 일단 네 생각부터 말해볼래?"

실수를 해도 혼나지 않고, 틀린 말을 해도 존중받을 수 있다는 믿음이 있을 때 아이는 더 많이 말하고, 더 깊이 생각하고, 더 창의적으로 시도할 수 있다. 이 말을 몇 번 반복하니, 아이가 정말로 틀리는 것을 두려워하지 않기 시작했다. 그리고 더 많은 시도를 하게 되었다.

4. "나도 몰라, 같이 알아보자" – 무지의 고백

가장 어려웠던 건, 바로 아빠로서의 자존심을 내려놓는 일이었다.

"아빠, 공룡은 왜 멸종했어?"

---

* 심리적 안전감(Psychological Safety)은 하버드 경영대학원의 에이미 에드먼슨(Amy C. Edmondson) 교수가 1999년에 처음 개념화한 용어로, 구성원이 처벌이나 굴욕에 대한 두려움 없이 의견을 말하고 실수나 질문을 할 수 있는 분위기를 의미한다. 특히 팀워크, 창의성, 학습에 핵심적인 요인으로 강조되며, 구글(Google)이 성과가 높은 팀들의 비밀을 찾기 위해 진행한 '아리스토텔레스 프로젝트(Project Aristotle)'에서도 가장 중요한 팀 성과 요소로 확인되었다.

"음, 나도 정확히는 모르겠네. 같이 알아볼까?"

처음에는 어색했지만, 함께 검색하고 실험해보는 시간이 오히려 더 즐거웠다. 아이도 "아빠도 모르는 게 있구나" 하면서 신기해했고, 함께 배우는 과정에서 더 많은 질문이 나왔다.

5. "GPT는 뭐라고 했어?" → "너는?"

이 부분에서 나는 정말 많이 고민했다. 아이가 모든 것을 AI에게 물어보는 모습을 보면서 과연 이게 맞나 싶었다. 하지만 막는다고 막아지지 않을 시대의 흐름이었다. 그래서 다른 접근을 해봤다.

"숙제로 '행복'에 대한 글을 써야 해."

"그럼 일단 GPT에게 물어보자. 행복에 대해 뭐라고 하나?"

(GPT 답변 확인 후)

"GPT는 '행복은 만족감과 기쁨의 상태'라고 하네. 그런데 너는 행복이 뭐라고 생각해?"

"음... 나는 친구들이랑 웃을 때가 제일 행복한 것 같아."

"와, 그게 GPT 답변보다 훨씬 구체적이고 네 경험이 들어간 답이네!"

AI를 적으로 보지 말고, 생각의 출발점으로 활용하는 방법을 찾아야 한다.

6. 질문 기록하기 – 작은 노트의 큰 변화

매일 밤, 우리 가족은 각자 작은 노트에 하나씩 적는다. 나는 "오늘 아이에게 한 가장 좋은 질문", 아이는 "오늘 가장 궁금했던 것"을.

"너도 오늘 궁금했던 거 하나만 적어볼래?"
"별로 없는데..."

처음에는 이런 반응이었지만, 며칠 지나자 아이의 노트에 신기한 질문들이 가득해졌다.

아이의 질문들:
- "왜 개미는 줄을 서서 다닐까?"
- "친구가 화날 때는 어떻게 달래줘야 할까?"
- "만약 공룡이 살아있다면 뭘 먹일까?"

나의 질문들:
- 월요일: "네가 제일 자랑스러웠던 순간은 언제야?"
- 화요일: "만약 네가 선생님이라면 어떻게 가르칠 거야?"
- 수요일: "오늘 친구를 도와준 일이 있어?"

한 달 후 우리 노트들을 보니 놀라웠다. 아이는 어른보다 훨씬 순수하고 창의적인 질문을 하고 있었고, 나는 점점 더 나은 질문을 하게 되고 있었다.

AI 시대에 손으로 쓰는 게 구식처럼 느껴질 수 있지만, 최근 연구들은 놀라운 결과를 보여준다. 노르웨이 과학기술대학교 연구팀이 대학생 36명의 뇌 활동을 측정한 결과, 손으로 글을 쓸 때 타이핑할 때보다 훨씬 더 광범위한 뇌 영역이 활성화된다는 것을 발견했다.*

더욱 흥미로운 것은 일본 연구팀의 연구이다. 이들은 뇌파를 분석해 손글씨가 새로운 단어 학습에서 타이핑보다 우수할 뿐만 아니라, 학습 과정에서 더 긍정적인 감정 상태를 유발한다는 것을 확인했다. 즉, 손으로 쓰는 것이 학습 효과와 기분 두 마리 토끼를 모두 잡는 셈이다.**

---

* van der Meer, A., & van der Weel, R., 〈손글씨는 타이핑과 달리 광범위한 뇌 연결성을 이끈다: 교실에 주는 시사점이 있는 고밀도 EEG 연구〉, Frontiers in Psychology, vol. 14, 2023. 세타파(3.5-7.5Hz)와 알파파(8-12.5Hz) 주파수 대역에서 뇌 연결성이 증가하며, 이는 기억 형성과 새로운 정보 학습에 핵심적인 역할을 한다.

** Ihara, A.S., et al., 〈단어 학습에서 타이핑 대비 손글씨의 장점: 뇌파 지표의 증거〉, Frontiers in Human Neuroscience, vol. 15, 2021. 손글씨가 타이핑보다 새로운 단어 기억에 더 효과적이며, 학습 과정에서 더 긍정적인 감정 상태를 유발한다는 것을 뇌파 분석을 통해 확인했다.

반면 타이핑은 기계적이고 반복적인 움직임으로 속도는 빠르지만 의식적 주의는 떨어뜨린다.

기록한다는 것 자체가 더 나은 질문을 하게 만들었다. 밤에 노트에 쓸 질문을 생각하다 보니, 낮에도 자연스럽게 더 좋은 질문을 하려고 노력하게 되고, 결국 내 대화의 질을 조금씩 바꿔놓고 있었다.

7. "이건 네가 더 잘 아는 것 같아" - 아이를 선생님으로

게임이나 유튜브, 최신 유행에 대해서는 정말로 아이가 나보다 더 많이 안다. 처음엔 자존심이 조금 상하기도 했지만, 지금은 이걸 기회로 삼는다.

"아빠, 이 게임 해봤어?"
"오, 이건 네가 나보다 훨씬 잘 아는 분야네. 나한테 좀 가르쳐줄래?"

그러면 아이의 눈이 반짝인다. 열정적으로 설명하고, 시범도 보여주고, 내 반응을 기다린다. 그 30분 동안 아이는 가르치는 사람이 되고, 나는 진짜 아이의 세계에 들어가게 된다.

자신감을 얻은 아이의 표정, 설명하는 말투, 웃음, 그 안에는 우리가 평소 놓치고 있던 아이의 '강점'과 '매력'이 담겨 있다.

AI와 관계 맺기 : 이름 붙이기의 마법

아이가 곰 인형을 품에 안고 말한다. "얘 이름은 뿌잉이야. 오늘은 학교 따라왔어." 어제까지만 해도 '새로 산 곰'였던 그 인형은, 이름을 얻는 순간 우리 가족의 일원이 되었다.

문득 궁금해졌다. 우리 아이가 매일 대화를 나누는 GPT에게도 이름을 붙인다면, 과연 어떤 일이 벌어질까?

사람들이 AI 챗봇에 이름을 붙이고 인격화할 때 더 강한 감정적 애착을 형성한다는 현상이 관찰되고 있다. 뇌가 그 AI를 단순한 도구가 아니라 '관계적 존재'로 처리하기 시작하는 것이다.

우리 집에서 실험해봤다. 아이에게 GPT에 이름을 지어달라고 했더니 '모모'라고 했다. 그 이후로 아이의 AI 대화법이 완전히 바뀌었다.

- 이전: "숙제 답 알려줘"
- 이후: "모모야, 이 문제 어떻게 풀어야 하는지 알려줄래?"

단순히 말투만 바뀐 게 아니었다. 아이는 모모와의 대화를 마치 친구와 나눈 이야기처럼 우리에게 들려주기 시작했다. "오늘 모모가 재미있는 이야기 해줬어요!" 하면서 말이다.

우리가 AI를 어떤 존재로 바라보느냐에 따라 관계의 깊이가 결정된다. 가족이 함께 AI에게 이름을 지어주고, 성격과 역할을 설정해보자. "안녕하세요! 오늘부터 당신의 이름은 '모모'입니다. 우리 가족의 친근하고 지혜로운 친구가 되어주세요." 이렇게 소개하면 AI도 그 설정에 맞춰 대화한다.

이름 하나가 만드는 변화는 생각보다 크다. 아이에게는 숙제를 도와주는 도구에서 함께 배워가는 친구로, 부모에게는 차가운 기계에서 가족을 돌보는 조력자로 바뀐다.

부모의 AI 사용법이 아이에게 미치는 영향

아이들은 부모를 보고 배운다. 이는 AI와의 관계에서도 마찬가지다.

부모가 AI를 어떻게 대하는지 아이는 고스란히 흡수한다. 만약 부모가 AI에게 명령조로 말하고, 틀린 답이 나오면 짜증내고, 마치고장 난 기계 대하듯 한다면 아이도 똑같이 따라한다.

더 심각한 문제는 이런 태도가 AI에서 그치지 않는다는 것이다. AI를 '명령받는 도구'로 대하는 아이는, 사람도 '이용하는 대상'으로 볼 위험이 있다.

AI와 예의 바르게 대화하는 연습은 놀라운 확장 효과를 보여준다. AI는 원래 감정이 없다. 하지만 우리에게 중요한 건 '그럼에도 어떻게 대할 것인가'다.

존재하지 않는 감정을 인정해주고, 필요없는 고마움을 표현하고, 의미없는 예의를 지키는 것. 이런 '무의미한' 행동들이 실은 아이의 인성을 기르는 가장 의미 있는 연습이 될 수 있다.

변화하는 부모들

이런 질문 습관들을 실천해본 부모들에게서 공통적인 변화가 나타난다.

처음에는 많은 부모들이 '불안한 마음'을 갖고 있다. ChatGPT가 아빠보다 모든 걸 더 잘 아는 것 같아서 조바심이 나고, 혹시 부모로서 쓸모없어지는 건 아닌지 두려워한다. AI가 아이의 숙제를 대신 해주고, 질문에 완벽한 답을 주고, 심지어 위로까지 해주는 모습을 보면서 "그럼 부모는 뭘 해야 하지?"라는 막막한 질문을 하게 된다.

하지만 시간이 지나면서 깨닫게 된다. AI를 두려워할 필요가 없다는 것을. 오히려 AI 덕분에 부모들은 중요한 사실을 발견한다. 아이에게 줄 수 있는 가장 소중한 것은 '정답'이 아니라 '질문'이라는 것을. 그리고 그 질문들 속에 담긴 따뜻한 관심과 호기심이라는 것을. AI는 모든 걸 알 수 있지만, 부모만이 그 아이를 '궁금해할' 수 있다.

전달하고 싶은 이야기

이 글은 사실 AI 활용서가 아니다. 물론 ChatGPT 사용법도 담았고, 아이와 함께할 수 있는 구체적인 활동들도 제안했다. 하지만 그런 기술적인 내용은 언제든 바뀔 수 있고, 온라인에서도 찾을 수 있다.

이 글의 진짜 목적은 따로 있었다.

당신이 다시 '질문하는 부모'가 되도록 돕는 것.

AI 시대에 우리에게 정말 필요한 건 새로운 기술이 아니라 오래된 지혜다. 아이를 바라보고, 아이의 마음을 궁금해하고, 아이와 함께 세상을 탐험하고 싶어하는 마음. 그 마음이 만들어내는 소중한 질문들.

"오늘 어땠어?"
"왜 그렇게 생각해?"
"너는 어떤 기분이야?"
"우리 함께 알아볼까?"

이런 질문들은 AI가 아무리 똑똑해져도 대신할 수 없다. 왜냐하면 이 질문들에는 '사랑' 담겨 있기 때문이다.

마지막 질문

AI는 아이에게 세상의 모든 지식을 줄 수 있다. 하지만 아이에게 '세상을 바라보는 눈'을 줄 수 있는 것은 당신뿐이다.

AI는 아이를 똑똑하게 만들 수 있다. 하지만 아이를 '지혜롭게' 만들 수 있는 것은 당신뿐이다.

지식과 지혜의 차이는 무엇인가? 지식은 '무엇을 아는 것'이고, 지혜는 '어떻게를 질문하는 것'이다.

우리 아이들이 살아갈 세상은 답보다 질문이 더 중요한 세상이 될 것이다. AI가 모든 답을 알고 있는 세상에서, 인간의 가치는 '좋은 질문을 할 줄 아는 능력'에서 나올 것이다.

그리고 그 능력은 어디서 배울까? 바로 당신에게서다.

아이가 어렸을 때부터 당신이 건네는 수많은 질문들. 그 질문들이 쌓이고 쌓여서, 아이는 스스로 질문하는 사람으로 자라날 것이다.
"너는 어떻게 생각해?"
"왜 그런 마음이 들었을까?"
"다른 방법은 없을까?"
"그 사람은 어떤 기분일까?"

이런 질문들을 날마다 듣고 자란 아이는, 어른이 되어서도 계속 질문할 것이다. 자신에게, 세상에게, 그리고 자신의 아이에게.

이제 이 글을 덮을 시간이다. 하지만 끝이 아니라 시작이다. 당신의 진짜 여정은 지금부터 시작된다. 오늘 저녁, 아이와 함께 저녁을 먹으면서, 아이가 잠들기 전 마지막 대화를 나누면서, 주말에 아이와 산책을 하면서... 그 모든 순간들이 당신이 아이에게 '어떤 질문을 건네는 사람'이 될지를 결정할 것이다.

10년 후, 20년 후, 당신의 아이가 어른이 되어 누군가와 대화를 나눌 때, 혹은 그 아이가 부모가 되어 자신의 아이와 대화를 나눌 때, 그때 아이는 어떤 방식으로 말을 걸까? 어떤 질문을 할까? 어떤 관심을 보일까?

그 모든 것의 뿌리는 바로 지금, 당신이 아이에게 건네는 질문들에서 시작된다. 그러니 마지막으로, 이 글을 다 읽은 당신에게 묻고 싶다.

당신은 어떤 '질문을 건네는 사람'으로 기억되고 싶은가?
이것이 AI 시대를 살아가는 우리 모두에게 주어진 가장 중요한 질문이다. 그리고 그 답은 오늘부터, 당신이 아이에게 건네는 첫 번째 질문에서 시작될 것이다.

한 명의 부모가, 당신이라는 또 다른 부모에게

AI시대, 아빠는 불안하다

ⓒ 이왕열, 2025

초판 1쇄 발행 2025년 9월17일

지은이 이왕열

펴낸이 김은지

펴낸곳 포도북스

신고번호 제2025-000063호

이메일 info@podobooks.kr

디자인 neoD

ISBN 979-11-994464-0-3 (03190)